C000083871

le MAG'

B1

4

MÉTHODE DE FRANÇAIS

Fabienne GALLON

Céline HIMBER

Charlotte RASTELLO

HACHETTE
Français langue étrangère

www.hachettefle.fr

Crédits photographiques :

Photo de couverture : Hughes Arnold/Getty – **Getty :** D. Sachs/Image bank p. 13, A. Pistolesi/Image bank p. 21, Photodisc Blue p. 21, S. Pitamitz/Photographer's choice p. 22, F. Whitney/Image bank p. 23, Johner/Johner Images p. 23, B. Joubert/National Geographic p. 23, A. Wolfe/Stone p. 27, Johner/Johner Images p. 33, T. Laman/National Geographic p. 33, S. Grandadam/Robert Harding World Imagery p. 37, S. Grandadam/Image bank p. 38, R. Van Butsele/Photographer's choice p. 44, D. Sams/Taxi p. 44, A. Garreau/The Bridgeman Art Library p. 45, B. Erlanson/Stone p. 48, R. Ohara/Amana Images p. 57, P. Weber/Photographer's choice p. 57, M. Parry/Science Faction p. 70, N. Rosing/National Geographic p. 71, Fotoworld/Photographer's choice p. 71, S. Bronstein/Image bank p. 79, Johner/Johner Images p. 79 – **Corbis :** Catherine Karnow p. 10, Wolfgang Kaehler p. 10, Guenter Rossenbach/Zefa p. 11, photographe inconnu (carte de Batista Agnese, 1544) p. 11, Floris Leeuwenberg/The Cover Story p. 13, Stefan Schuetz/Zefa p. 15, Guenter Rossenbach/Zefa p. 20, Yann Arthus-Bertrand p. 20, William Coupon p. 21, Prat/Sygma p. 27, Onne van der Wal p. 27, Paul Almasy p. 27, M. Renaudeau/Hoaqui p. 30, Nic Bothma/epa p. 32, Bettmann p. 32, R. Eric/Sygma p. 33, Caroline Blumberg/Epa p. 33, Jean-Paul Guilloteau/Kipa p. 33, Jean-Paul Guilloteau/Kipa p. 33, Andrea Comas/Reuters p. 33, Hubert Stadler p. 43, Peter Guttman p. 44, Chris Hellier p. 45, Neil Farrin/JAI p. 47, Stephen Frink p. 47, LWA-Stephen Welstead p. 48, Jack Fields p. 50, Joe McDonald p. 50, P. Giraud/Sygma p. 56, Remi Benali p. 56, Frans Lanting p. 56, Jack Fields p. 56, Tom Brakefield p. 56, Esa-Cnes-Arianespace-Service Optique Csg/Reuters p. 59, Louie Psihoyos p. 59, Roger Ressmeyer p. 59, Carl & Ann Purcell p. 61, Staffan Widstrand p. 61, G. Arici/Sygma p. 62, P. Giraud/Sygma p. 61, Jansch/Siemoneit/Sygma p. 62, A. Nogues/Sygma p. 68, P. Giraud/Sygma p. 68, L. Psihoyos p. 68, P. Giraud/Sygma p. 69, Chico Sanchez/epa p. 69, M. & P. Fogden p. 69, E & D. Hosking p. 69, Dave G. Houser p. 72, S. Gizard p. 78, J. Van Hasselt/Sygma p. 79, Envision p. 79, Gary W. Carter p. 79 – **Hemis :** P. Wysocki p. 10, P. Renault p. 10, S. Frances p. 10 (deux photos), H. Hughes p. 11, E. Suetone p. 13, C. Heeb p. 13, S. Frances p. 20, M. Colin p. 20, J. Frumm p. 23, J. Frumm p. 23, J. Nicolas p. 27, B. Rieger p. 37, J. Frumm p. 37, J. Frumm p. 38, B. Rieger p. 38, B. Rieger p. 38, J. Frumm p. 44, P. Frilet p. 44, J. Du Boisberranger p. 45, J. Du Boisberranger p. 47, J. Du Boisberranger p. 56, S. Frances p. 57, S. Frances p. 68, H. Hugues p. 71, P. Renault p. 71, J. Du Boisberranger p. 79, J. Frumm p. 81, P. Renault p. 81 – **Eyedea :** Joubert J-D./Hoaqui p. 14, Bruce Bi/Age Fotostock/Hoaqui p. 21, Renaudeau M./Hoaqui p. 33, Simanor E./Hoaqui p. 39, Juan Manuel Silva/Age Fotostock/Hoaqui p. 39, Art Womack/Imagestate/Ghfp p. 50, M. Friedel/Rapho p. 50, Martin-Raget G./Hoaqui p. 57 – **BNF :** carte de P. Lapervanche (1885) p. 35, estampe de L. Lebreton p. 42, aquarelle du XVIIIe s p. 70 – **Cogis :** Labat Rocher p. 61 – **Gamma :** Lebon p. 18 – **Le Seuil :** couvertures p. 18 – **Terres de Guyane :** Thierry Montford (orpaillage et crevettier) p. 68 –Pointe-à-Callière, musée d'archéologie et d'histoire de Montréal p. 82, **D. R. :** site Internet p. 22, B. Diop p. 30, couvertures p. 54, photo p. 58, affiche p. 66, site Internet p. 78, document p. 70, documents p. 80-81.

Nous avons fait notre possible pour obtenir les autorisations de reproduction des textes et documents publiés dans cet ouvrage. Dans le cas où des omissions ou des erreurs se seraient glissées dans nos références, nous y remédierions dans les éditions à venir. Dans certains cas, en l'absence de réponse des ayants-droits, la mention D.R. a été retenue. Leurs droits sont réservés aux éditions Hachette.

Couverture : Jean-Louis Menou

Conception de la maquette intérieure : Jean-Louis Menou

Adaptation de maquette, création des pages d'entrée d'unité et des pages civilisation, mise en pages et recherche iconographique : Anne-Danielle Naname

Préparation de copie et corrections : Cécile Schwartz

Illustrations : Mathieu Forichon (dialogues), Nathalie Lemaire (cartes et croquis de Julie)

Photogravure : Tin Cuadra

ISBN : 978-2-01-155463-5
EAN : 9782011554635
© Hachette Livre 2007, 43, quai de Grenelle, F 75905 Paris Cedex 15.
www.hachettefle.fr

Tous droits de traduction, de reproduction et d'adaptation réservés pour tous pays.
Le code de la propriété intellectuelle n'autorisant, aux termes des articles L.122-4 et L.122-5, d'une part, que « les copies ou reproductions strictement réservées à l'usage privé du copiste et non destinées à une utilisation collective » et, d'autre part, que les « analyses et les courtes citations » dans un but d'exemple et d'illustration, « toute représentation ou reproduction intégrale ou partielle, faite sans le consentement de l'auteur ou de ses ayants droit ou ayants cause, est illicite ».Cette représentation ou reproduction, par quelque procédé que ce soit, sans autorisation de l'éditeur ou du Centre français de l'exploitation du droit de copie (20, rue des Grands-Augustins, 75006 Paris), constituerait donc une contrefaçon sanctionnée par les articles 425 et suivants du Code pénal.

Avant-propos

LE MAG'4 s'adresse à un public d'adolescents poursuivant leur apprentissage de la langue française. Il couvre environ 80 heures d'enseignement.

Une préparation au Nouveau DELF scolaire B1 version junior

LE MAG'4 prépare les élèves à communiquer dans des situations de la vie quotidienne tout en leur faisant découvrir différents aspects de la culture francophone. Les contenus linguistiques et culturels proposés suivent les recommandations du Cadre européen commun de référence et complètent l'acquisition du niveau B1. Ils permettent également de se préparer au nouveau DELF B1 version scolaire et junior.

Une organisation modulaire par double page

LE MAG'4 est composé d'une unité de mise en route suivie de six unités de douze pages.

Les élèves retrouvent l'équipe gagnante du concours sur la Francophonie du **MAG'4**, mais cette fois au cours de leur **voyage** dans six régions francophones du globe : le Maroc, le Sénégal, La Réunion, la Nouvelle Calédonie, la Guyane et le Québec. Chaque unité de la méthode correspond à une escale dans l'un des six pays que vont visiter nos jeunes aventuriers. Elle s'ouvre sur un « carnet de bord » présentant les objectifs à atteindre lors de chaque escale, ainsi qu'un support écrit (mél, blog, page de journal intime...) dans lequel les héros nous donnent quelques détails sur leur voyage avant d'arriver à la prochaine escale.

Les deux premières doubles pages présentent soit un texte oral (dialogue), soit un document écrit.

• Dans la double page ⌐ORAL⌐ nous retrouvons l'équipe au complet, avec Marc, leur accompagnateur, dans de nouvelles aventures loin de la métropole. Elle est axée sur la compréhension et la production **orales**.

• La double page ⌐ÉCRIT⌐ propose différents types de supports : un blog, un mél, une interview, une page de journal et de revue pour jeunes, des petites annonces et une lettre formelle. Elle est axée sur la compréhension et la production **écrites**.

• Dans chacune de ces deux doubles pages, les supports introduisent un ou deux points de grammaire et un thème lexical exploités dans des activités permettant aux élèves de découvrir par eux-mêmes les règles de fonctionnement de la langue.

Par la suite, un travail plus systématique est proposé dans la double page **Atelier Langue** qui présente également un rappel des contenus communicatifs de l'unité.

• Une double page **Lecture** propose des documents variés (roman, poésie, article de journal, chanson...) et invite les élèves à prendre goût non seulement à la lecture de textes francophones authentiques mais aussi à l'écriture, grâce à la rubrique **Atelier d'écriture**.

• Une double page **Civilisation** richement illustrée présente différents aspects culturels de chaque pays visité, accompagnés d'activités ludiques et d'activités de production grâce à la réalisation d'un **Projet**.

• Une page **Fais le point**, conçue pour s'entraîner au nouveau DELF B1 version scolaire et junior, clôt chaque unité et permet aux élèves d'évaluer leurs acquis.

De nombreux outils d'évaluation

• Des pages **Bilan** pour contrôler régulièrement les acquis :
– à la fin de chaque unité, pour s'entraîner au nouveau DELF B1 version scolaire et junior, une page **Fais le point** structurée par compétences dans le livre élève, et structurée par points linguistiques et notée dans le cahier d'exercices.

• Des pages d'**auto-évaluation** pour l'élève dans le cahier d'exercices :
– toutes les deux unités, des activités linguistiques à faire en autonomie, notées et corrigées à la fin du cahier ;
– à la fin de chaque unité, une rubrique **Portfolio** reprenant la démarche et les objectifs du CECR niveau B1.

• Des fiches **tests** photocopiables pour chaque unité dans le guide pédagogique, accompagnés d'un barème, organisés par aptitudes et directement utilisables en classe par le professeur.

En annexe...

Sont proposés en fin d'ouvrage : un **précis grammatical**, un récapitulatif des **actes de parole** et un **lexique** multilingue.

Autres composants

En complément du manuel, **LE MAG'4** propose :
– Un **guide pédagogique** dans lequel le professeur trouvera une exploitation du manuel et du cahier d'exercices (conseils, corrigés, informations culturelles et activités complémentaires). Le guide pédagogique contient également des fiches photocopiables (**Révisions**, **Approfondissements**, **Tests**) et un **Portfolio** général.
– Un **cahier d'exercices** vivant et ludique qui suit la structure du livre de l'élève.
– Un **CD audio** pour la classe, support de toutes les activités orales symbolisées par le « picto écoute » 🔈 avec des dialogues animés et des chansons.
– Un **DVD** pour la classe.

Et maintenant, à vous de découvrir LE MAG'4 !

Tableau des contenus

	Escale 0 **Le grand départ**	**Escale 1** **Cap sur le Maroc !**	**Escale 2** **Bienvenue au Sénégal !**
Thèmes	• Présentation des personnages de la méthode et de son fil conducteur : un voyage sur un bateau-école dans six pays de la Francophonie. • Le départ : embarquement, préparation au voyage, itinéraire • Un blog	• La ville / Promenade dans une ville marocaine (Promenade dans la Médina) • Les activités : achats, visites, sports... (Premières nouvelles)	• Les nouvelles expériences (rupture avec le passé), la construction d'un projet au Sénégal (Retour au pays) • Les anecdotes et faits marquants (La peur de ma vie !)
Objectifs	• Annoncer une mauvaise nouvelle, relater un incident (au passé) • S'inquiéter de la santé de quelqu'un, rassurer • Décrire une expérience et la partager par le biais d'un blog • Parler de ses projets futurs	• Présenter les activités à faire dans une ville • Donner de ses nouvelles, écrire et répondre à un mél (courte lettre) • Éviter les répétitions grâce à l'emploi des pronoms relatifs • Nuancer ses propos en employant des adjectifs indéfinis • S'exprimer en langage familier • Présenter à la classe un pays d'Afrique francophone	• Relater des faits passés racontés par quelqu'un d'autre • Situer des faits antérieurs à d'autres faits passés • Exprimer la cause et la conséquence • Raconter une anecdote ou un événement marquant de sa vie • Exprimer des faits au passif • Présenter une région du Sénégal
Lexique	• Sensibilisation au lexique de la navigation (cabine, équipage...) • Quelques expressions idiomatiques	• La ville, les activités à faire en ville (achats, visites...) • Quelques adjectifs pour décrire des lieux, des personnes • Les mots d'emprunt à la langue arabe • Les registres standard et familier	• L'expression de la cause et de la conséquence (*à cause de, grâce à, parce que, donc, alors*) • Les mots d'emprunt aux langues africaines
Grammaire		• Les pronoms relatifs *qui, que/qu', où* et *dont* • Les adjectifs indéfinis	• Le plus-que-parfait • La cause et la conséquence • La voie passive
Révisions	• Les présentations • L'interrogation • Le présent, le passé composé et le futur	• Les pronoms relatifs *qui, que/qu', où*	• Poser des questions • Les temps de l'indicatif • La concordance du participe
Lecture		**Type de texte :** • texte narratif extrait de *Les voleurs d'écriture* d'Azouz Begag **Atelier d'écriture :** • Écrire un récit de souvenir personnel / Faire le récit d'un fait marquant en utilisant des marqueurs temporels	**Type de texte :** • poème « Souffles » extrait de *Les contes d'Amadou Koumba* de Birago Diop **Atelier d'écriture :** • Écrire un poème (avec des rimes)
Civilisation	• Découverte de l'itinéraire du voyage : six pays de la Francophonie	• Découverte d'une rue commerçante d'une médina (Essaouira) • Le Maghreb : géographie, histoire, habitants, culture et langues	• Découverte du Sénégal : paysages et personnalités sénégalaises
Thèmes transversaux	**Interculturel :** • Différentes régions de la Francophonie **Éducation pour la paix :** • Prise de conscience de la diversité culturelle **Convivialité :** • Intéressement pour la santé d'autrui, entraide	**Interculturel :** • Pays francophones au Maghreb • Les Beurs en France • Richesse de la langue et mots d'emprunt **Éducation pour la paix :** • Prise de conscience de la diversité des cultures et des langues au Maghreb **Entraide et collaboration au sein de la classe :** • La négociation pour arriver à un accord, échanger des idées (pour faire un récit collectif...)	**Éducation environnementale :** • Projets et infrastructures respectant l'environnement • La conservation du patrimoine mondial **Entraide et collaboration au sein de la classe :** • Jeux avec la langue (phrases insolites, anecdote à deviner) **Interculturel :** • Richesse de la langue et mots d'emprunt

Les actes de PAROLE pp. 83 à 85

Escale 3 Discussion à la Réunion	Escale 4 Retrouvailles à Nouméa	Escale 5 Sensations fortes en Guyane	Escale 6 Dernière escale au Québec
• Une dispute (Difficile de se mettre d'accord !) • Les activités de loisirs (excursions, sport extrême) • L'actualité dans la presse (les rubriques, l'organisation d'un journal, les gros titres…)	• Les inquiétudes des adolescents : l'amitié, l'amour, les relations avec les parents (Copains, copines) • Coutumes et traditions calédoniennes (Coutume, coutumes)	• Une expédition dans la forêt tropicale, la découverte de la nature sauvage (En pirogue sur le Maroni) • Les métiers du cinéma (Castings)	• Une lettre officielle (Toutes nos excuses…) • Une mauvaise expérience, un incident (J'ai eu chaud !)
• Rapporter des propos • Réagir aux propos de quelqu'un : se plaindre, exprimer son désaccord, sa surprise, reprocher, répondre ironiquement • Lire et rédiger des titres de presse • Réfléchir sur la formation des mots • Présenter une fête mondialement connue (affiche)	• Exposer un problème • Donner un avis, un conseil • Exprimer des sentiments, des appréciations (la crainte, le doute, la peur, la satisfaction, un souhait…) • Exprimer un doute, une possibilité • Exprimer la nécessité, le but, une condition, une concession • Présenter la faune et la flore de son pays (reportage)	• Exprimer un regret, un reproche • Faire une hypothèse • Rassurer quelqu'un • Décrire une personne à l'aide d'adjectifs • Rapporter des propos • Réfléchir sur la formation des mots, les contraires • Présenter les ressources économiques de son pays (affiche)	• Écrire une lettre d'excuses • Exprimer l'antériorité, la simultanéité, la postériorité et le but • Utiliser des expressions avec *avoir* • Reconnaître des expressions québécoises • Présenter les peuples et l'histoire d'un pays francophone (recherche)
• Quelques expressions pour réagir aux propos de quelqu'un • Les mots spécifiques de la presse • La formation des mots • Quelques mots du créole réunionnais • La formation des noms	• L'expression des sentiments, des impressions (la crainte, le doute, la peur, la volonté, la satisfaction…) • Quelques mots pour décrire la réalité calédonienne	• Les métiers du cinéma • La formation des adjectifs et des contraires • Quelques mots pour décrire la réalité guyanaise • Les mots d'emprunt aux langues amérindiennes	• Les expressions pour présenter ses excuses • Les expressions avec *avoir* • Quelques mots du français du Québec
• Le discours indirect : formation et concordance des temps • Le futur dans le passé	• Le subjonctif présent : emplois, formation des verbes réguliers et irréguliers • Indicatif ou subjonctif ? • Les connecteurs logiques (*pour que, bien que, avant que…*)	• Le conditionnel présent (pour exprimer une hypothèse peu probable ou irréalisable) • Le conditionnel passé (expression du reproche et du regret)	• L'expression de l'antériorité, de la simultanéité et de la postériorité • L'expression du but • L'infinitif passé
• Les temps de l'indicatif et l'impératif • Les marques du discours direct (pronoms sujets, compléments, adjectifs possessifs…)	• Le présent et l'imparfait de l'indicatif	• La formation du conditionnel et de ses valeurs • Le futur dans le passé dans la concordance des temps	• Quelques expressions avec *avoir* • Le subjonctif
Type de texte : • texte journalistique explicatif et descriptif « Les oubliés de l'Île de Tromelin » **Atelier d'écriture :** • Observer les procédés permettant de rendre un texte agréable à lire en évitant les répétitions et les constructions complexes	**Type de texte :** • critiques et résumés de quatrième de couvertures de livres d'auteurs calédoniens **Atelier d'écriture :** • Faire le résumé et la critique d'un livre, puis créer une couverture	**Type de texte :** • texte narratif extrait de *Papillon* d'Henri Charrière **Atelier d'écriture :** • Écrire la suite d'un récit en évitant les répétitions	**Type de texte :** • chanson de Lynda Lemay « Mes chemins à l'envers » **Atelier d'écriture :** • Écrire un poème ou une chanson selon une structure imposée
• Découverte de la Réunion : géographie et paysage, population, fêtes et traditions, langues	• Découverte de la Nouvelle-Calédonie : population, îles, richesse de la faune et de la flore	• Découverte de la Guyane : ressources économiques, situation géographique, population	• Découverte du Québec : les faits marquants de son histoire
Éducation pour la paix : • La négociation dans les conflits personnels • Le métissage comme source de richesse d'un pays • Lutte contre les inégalités, sensibilisation aux erreurs du passé (l'esclavage et son abolition) **Interculturel :** • Fêtes et traditions culturelles • Les langues créoles **Entraide et collaboration au sein de la classe :** • Jeux avec la langue (le téléphone sans fil)	**Convivialité :** • Les solutions aux problèmes de relations personnelles • Intéressement pour le bien-être d'autrui, conseils • Entraide, collaboration, médiation… **Éducation pour la paix :** • Le respect des coutumes des autres pays	**Interculturel :** • Richesse de la langue française et mots d'emprunt **Éducation environnementale :** • Sensibilisation aux activités économiques ayant des répercussions néfastes sur l'environnement **Éducation pour la paix :** • La pluralité ethnique et culturelle, source de richesse d'un pays **Éducation environnementale :** • Prise de conscience de ses qualités et de ses défauts	**Interculturel :** • La diversité de la langue française **Convivialité :** • les formules pour s'excuser, la politesse, les conseils

Avant de commencer, ensemble, nous allons découvrir :

- **les principaux personnages de cette nouvelle aventure** pp. 6-7
- **leurs préparatifs avant le « grand départ »** pp. 8-9
- **les escales de leur futur voyage à travers la Francophonie** p. 10

Ça commence bien !

Tu te souviens de l'équipe ?
La voici, maintenant, prête à embarquer sur le bateau-école *L'Océane* pour un voyage de neuf mois à travers six pays de la Francophonie.

Marc, l'accompagnateur

Lucas, 17 ans

Étienne, 15 ans

Julie, 15 ans

Maxime, 14 ans

Emma, 15 ans

C'est une mauvaise blague, ou quoi ?

Pauvre Maxime !

Eh oui, ce sont des choses qui arrivent !

Lucas. – Quoi ?
Julie. – Non, ce n'est pas vrai ? Pauvre Maxime !
Emma. – C'est une mauvaise blague, ou quoi ?
Étienne. – Non, je vous assure ! Il vient de m'appeler !
Lucas. – Non !? Mais il est nul !
Emma. – Et quand est-ce que c'est arrivé ?
Étienne. – Hier après-midi !
Julie. – Et comment il s'est fait ça ?
Étienne. – Il faisait de la tyrolienne et apparemment il est arrivé trop vite, et boum !
Emma. – Et il est encore à l'hôpital ?
Étienne. – Non, il est chez lui.
Emma. – Bon, on va l'appeler en conférence. Attends. (...)
Maxime. – Salut tout le monde !
Emma. – Salut Max ! Étienne vient de nous annoncer la nouvelle !
Maxime. – Eh oui, ce sont des choses qui arrivent !
Lucas. – C'est malin ! Une jambe cassée deux jours avant le départ ! Tu ne pouvais pas rester chez toi, tranquillement devant la télé ?
Maxime. – Ne vous inquiétez pas ! J'ai parlé aux organisateurs et je pourrai vous rejoindre quand ma jambe ira mieux !
Étienne. – Et tu en as pour combien de temps ?
Maxime. – Un mois et demi. Mais en attendant, vous m'enverrez de vos nouvelles, hein ?
Emma. – Mais oui, bien sûr. On peut venir te voir, maintenant ?
Maxime. – Si vous voulez !
Julie. – Ok, on arrive !
Étienne. – Moi aussi. À tout de suite !

Observe les documents

1 Réponds aux questions.
a. Tu reconnais les personnages ? Qui est-ce ?
b. Où sont-ils et que font-ils ?
c. Quels sentiments peut-on lire sur chaque visage ?
d. À ton avis, quel est le problème ?

2 Imagine les questions que Julie, Emma et Lucas posent à Maxime, dans la vignette 2.

Tu comprends ?

3 Vrai ou faux ? Corrige les phrases fausses.
a. Étienne fait une blague à ses copains.
b. Maxime est à l'hôpital.
c. Maxime s'est cassé le pied.
d. Ils partent tous en voyage dans une semaine.
e. Maxime les rejoindra quand il sera guéri.
f. Il sera guéri dans deux mois.

4 Retrouve ce qu'Étienne a dit à ses copains. Complète le texte avec les mots suivants.
voyage – annoncer – venir – cassé – nouvelle – jambe

J'ai une mauvaise ... à vous ... : Maxime s'est ... la ... et il ne peut pas ... avec nous en ... !

itinéraire

Blog Océane

15 septembre

C'est le jour du grand départ !
L'équipe se retrouve au complet sur
le port de Marseille. Pauvre Maxime !
Espérons qu'il sera bientôt en pleine
forme pour pouvoir nous rejoindre.

Présentations officielles
devant *L'Océane* ! Marc notre
accompagnateur : très sympa
(c'est nous qui le disons) et
très bien préparé (ça, c'est
ce que disent nos parents !).
Et le reste de l'équipage : de
vrais pros ! Nos parents sont
tranquilles : nous sommes entre
de bonnes mains.

Marc nous montre nos cabines.
Comme c'est étroit ! 😣

Je connais quelqu'un qui va avoir
des problèmes pour faire rentrer
tout le contenu de ses bagages !!
(On ne citera personne ! 😊)

Observe les documents

1 **Réponds aux questions.**

  a. Qu'est-ce qu'un blog ?

  b. À ton avis, qui a créé ce blog ? Pourquoi ?

  c. Ils présentent la préparation, le départ ou la première escale de leur aventure ?

  d. Donne un titre à cette première page du blog.

Tout le monde participe aux derniers préparatifs : Julie vérifie que son appareil photo marche bien, Étienne jette un dernier coup d'œil à son matériel informatique, Lucas organise ses CD… Moi (Emma), je ne fais rien : je dessine ! :) Même Maxime nous aide à ranger les caisses de nourriture ! Pendant ce temps, l'équipage fait les dernières vérifications, mais laissons-les travailler tranquillement : on ne veut pas ramer !

C'est le moment du départ ! Quelle émotion ! Oh, Julie doit avoir une poussière dans l'œil ! :) Un dernier « au revoir » à nos parents et amis qui sont venus nous accompagner jusqu'au port. Neuf mois sans les voir, ça va être dur ! Mais neuf mois d'aventures, de découvertes, de rencontres… ça nous aidera à supporter le mal du pays ! Destination… le Maroc ! Parés à lever l'ancre ?

À bientôt !

Tu comprends ?

2 **Réponds aux questions.**
- **a.** À quelle date et de quelle ville partent-ils ?
- **b.** Combien de temps durera le voyage ?
- **c.** Quel pays vont-ils visiter en premier ?

3 **Vrai ou faux ? Corrige les phrases fausses.**
- **a.** Leurs parents sont inquiets.
- **b.** Quelqu'un a emporté trop d'affaires personnelles.
- **c.** Les cabines sont très grandes.
- **d.** Julie pleure parce qu'elle a mal à l'œil.

4 **Associe les légendes aux dessins.**

 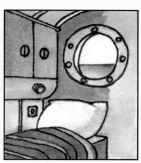

a. ➤ …   b. ➤ …

c. ➤ …   d. ➤ …

- **1.** ramer
- **2.** des bagages
- **3.** une cabine de bateau
- **4.** l'équipage

5 **Donne une définition pour chaque expression.**
- **a.** « parés à lever l'ancre » ➤ …
- **b.** « être en pleine forme » ➤ …
- **c.** « être entre de bonnes mains » ➤ …
- **d.** « avoir le mal du pays » ➤ …

LE GRAND DÉPART !

Québec — Retour en avion ✈

Marseille, notre point de départ ➤

Océan Atlantique

Maroc

Sénégal

Guyane

La Réunion

Océan Indien

Océan Pacifique

Nouvelle-Calédonie

Notre itinéraire

Observe le document

1 À ton avis, que représentent les pays des étiquettes sur la carte ?

2 Quel sera l'itinéraire de *L'Océane* ?

3 Associe chaque photo à l'une des six escales.

4 Quel pays aimerais-tu visiter ? Pourquoi ?

1. À seulement 1 600 km de l'Australie !

2. Une mer... de sable

3. Marché à Dakar

5. Au cœur de la forêt vierge

4. Proche du continent... africain

6. Brrrr ! Quel froid !

ESCALE 1

Cap sur le Maroc !

Lors de cette 1ʳᵉ escale, apprends à :

- présenter une ville étrangère   pp. 12-13
- éviter les répétitions grâce
  aux pronoms relatifs   pp. 12-13
- écrire et répondre à un mél   pp. 14-15
- nuancer tes propos en employant
  des adjectifs indéfinis   pp. 14-15

Tu vas aussi découvrir :

- un extrait des *Voleurs d'écritures*
  d'Azouz Begag   pp. 18-19
- le Maghreb   pp. 20-21

Supprimer   Indésirable   Répondre   Rép. à tous   Réexpédier   Imprim

De : océane@francovision.fr
À : omaximom@youpi.fr
Objet : première escale en vue !

Nous naviguons en direction du Maroc.
Nous avons hâte d'arriver, surtout Julie
qui a le mal de mer !
Nous allons visiter Essaouira, une ville
sur la côte Atlantique où on pratique le
surf et la planche à voile… Nous t'enver-
rons des photos dans notre prochain mél.
Nous pensons bien à toi.

Les quatre + Marc !

Promenade dans la

Et toutes ces épices, toutes ces couleurs !

Julie ! Il vaut mieux rester ensemble !

Marc. – Nous sommes arrivés ! Alors, la médina, c'est ce quartier que vous voyez ici. Et là, c'est la rue dont je vous ai parlé.

Lucas. – La rue Sidi-Mohammed-ben-Abdellah !

Julie. – Ouah, Lucas ! Il y a des moments où tu m'épates !

Étienne. – Oh regardez ces djellabas et ces babouches ! Ça doit être confortable, non ?

Julie. – Et toutes ces épices, toutes ces couleurs ! Attendez-moi, je vais les prendre en photo !...

Marc. – Julie ! Attends ! Il vaut mieux rester ensemble !

Lucas. – Trop tard !

Marc. – Et Emma ? Elle est où ? Elle a disparu, elle aussi ?

Étienne. – Elle est dans la boutique qui est au coin de la rue. Elle se fait faire un dessin au henné dans la main ! Ah, les filles et la mode !

Marc. – Tu es sûr ?

Étienne. – On va se perdre, c'est la seule chose dont je suis sûr !

Lucas. – Marc, tu connais un endroit où je pourrais trouver de la musique traditionnelle ?

Marc. – Oui, tu vois la boutique dont les volets sont peints en bleu ? Mais ne... Lucas, attends ! Ne t'en va pas !

Étienne. – Eh bien si c'est comme ça moi, je vais chercher une carte postale avec des surfeurs pour l'envoyer à Maxime.

Marc. – Attendez, attendez... ! On va se... Oh ! là, là ! Heureusement qu'ils sont quatre et pas cinq !

Observe les documents

1 **Réponds aux questions.**
- **a.** Où sont les quatre amis et Marc ?
- **b.** Que font-ils ?
- **c.** À ton avis, pourquoi Marc est-il inquiet ?

Tu comprends ?

2 🔘 **Écoute et réponds.**
- **a.** Qui s'éloigne du groupe en premier ?
- **b.** Et ensuite ?

3 🔘 **Écoute et corrige les six erreurs du résumé.**

Marc et les cinq amis visitent un monument de la médina d'Essaouira. Julie veut prendre des fleurs en photo. Emma va se faire faire un dessin au henné, sur le pied. Lucas, lui, recherche un CD de R'n'B. Étienne décide alors d'acheter une planche de surf pour Maxime. Finalement, Marc se retrouve tout seul au milieu de la rue !

4 🔘 **Retrouve, dans le dialogue, les mots pour dire :**
- **a.** Je suis en admiration devant toi ! ➤ tu...
- **b.** Il est préférable de... ➤ ...
- **c.** Quelqu'un lui fait (un dessin). ➤ elle ...
- **d.** Par chance... ➤ ...

médina

> Attendez, attendez... !
> Heureusement qu'ils sont
> quatre et pas cinq !

> Et Emma ?
> Elle a disparu, elle aussi !

Mes mots

6a Que représentent les photos ?

6b Associe les phrases aux photos. De quoi parle-t-on ?

   a. J'adore m'y promener !

   b. Comme vêtement, c'est vraiment très confortable !

   c. Ce sont des chaussures très pratiques !

   d. On peut en faire sur les mains ou sur les pieds !

1

2

3

4

Grammaire

Les pronoms relatifs *qui, que, où, dont*

5a Retrouve dans le dialogue la phrase équivalente. Que remplace chaque pronom ?

   a. La médina, c'est ce quartier. Vous voyez ce **quartier** ici. ➤ *La médina c'est ce quartier que vous voyez ici.* (que = COD)

   b. C'est la rue. Je vous ai parlé de cette rue. ➤ ...

   c. Il y a des moments. Tu m'épates à ces moments-là. ➤ ...

   d. Elle est dans la boutique. La boutique est au coin de la rue. ➤ ...

   e. C'est la seule chose. Je suis sûr de cette chose-là. ➤ ...

   f. Tu connais un endroit. Je pourrais trouver de la musique dans cet endroit. ➤ ...

5b Complète les exemples et la règle.

   a. la rue **dont** je vous ai parlé *(verbe)*
     ➤ je vous *ai parlé* de ...

   b. la seule chose **dont** je suis sûr *(adjectif)*
     ➤ je suis *sûr* de ...

   c. la boutique **dont** les volets *(nom)*
     ➤ les *volets* de ...

> **Dont** remplace un complément du ... / de l' ... / du ..., introduit par ... .

➤ Entraîne-toi page 16

À toi !

7 **Faites un jeu de rôle à quatre.**
Vous visitez une ville mais chacun veut faire une activité différente !
– Choisissez une ville et faites des recherches : monuments, spécialités culinaires, souvenirs à rapporter...
– Préparez votre jeu de rôle puis présentez-le à la classe.

Utile...

> Tu connais un endroit où...

> La boutique qui est...

> ... dont on m'a parlé

> Attendez-moi...

➤ Entraîne-toi pages 16-17

Repondre   Rép. à tous   Réexpédier   Imprimer

De : océane@francovision.fr

À : omaximom@youpi.fr

Objet : premières nouvelles !

Salut Max,
    Comment va ta jambe ? Bien, on espère, car tu nous manques beaucoup et sans toi, ce n'est pas pareil.
    Ici, toute l'équipe va bien. Nous avons passé trois semaines formidables au Maroc (aujourd'hui c'est notre dernier jour). Tous les matins nous partons en visite et les après-midi nous avons cours avec Marc : maths, SVT, etc. comme au collège, mais c'est plus sympa.
    Nous avons pas mal voyagé et nous avons visité certaines villes pittoresques : Casablanca, Marrakech, Agadir… Nous avons rencontré plein de gens, les Marocains sont très accueillants, et nous avons appris quelques mots en arabe. Nous avons aussi passé plusieurs jours dans le désert avec des Berbères (une expérience géniale !) et nous avons même fait du ski et du snowboard dans le Haut-Atlas. Et pas de jambe cassée ! ☺
    Le Maroc, c'est un pays dont nous garderons un souvenir inoubliable !
    Nous t'envoyons en pièces jointes des photos de Julie (super chouettes) et d'autres trucs : une carte postale d'Essaouira de la part d'Étienne (sur la côte Atlantique, il y a des vagues énormes !), et quelques dessins d'Emma.
                                    À +
                                    Emma, Julie, Étienne, Lucas et Marc
                                    P.S. : Chaque jour, chaque minute, nous pensons tous très fort à toi !

Essaouira, côte Atlantique, Maroc.

1

Tu comprends ?

2 Lis le mél. Associe les images aux phrases du mél.

3 Vrai ou faux ? Justifie avec le texte.
   a. Ils écrivent le mél le premier jour de leur séjour au Maroc.
   b. Ils font des visites toute la journée.
   c. Ils ont aimé le Maroc.

Observe les documents

1 Réponds aux questions.
   a. Qui écrit le mél ? À qui ? Pourquoi ?
   b. Imagine le contenu du mél. (Aide-toi des photos et du dessin !)

4 Trouve l'équivalent dans le mél.
   a. Nous sommes tristes car tu n'es pas là. ➤ tu…
   b. d'autres choses ➤ …
   c. aimables, ouverts, sympathiques ➤ …
   d. typiques, originales ➤ …

ÉCRIT

3

La "khima"(thé à la menthe), chez Ouzna et Ahmad

6 **Complète le tableau.**

Les adjectifs indéfinis	
singulier	**pluriel**
tout le pays/ ... **la** ville	... **les** pays/ **toutes les** villes
un autre pays **une autre** ville	... **autres** pays/villes
un certain village **une certaine** ville	**certains** villages ... villes
chaque pays/ville	
	quelques pays/villes
	plusieurs pays/villes

➤ Entraîne-toi pages 16-17

Mes mots

Registres standard et familier

7 **Retrouve l'équivalent dans le mél.**

Ex. très jolies → *super chouettes*

a. choses ➤ ...

b. agréable ➤ ...

c. assez ➤ ...

d. beaucoup de ➤ ...

e. à bientôt ➤ ...

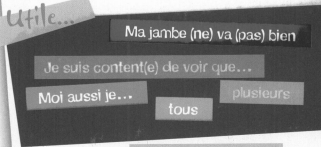

À toi !

8 Écris un mél.

Imagine la réponse de Maxime à ses copains.
Il donne des nouvelles du collège,
de sa jambe, etc.

Utile...

Ma jambe (ne) va (pas) bien

Je suis content(e) de voir que...

Moi aussi je...

plusieurs

tous

➤ Entraîne-toi pages 16-17

Grammaire

Les adjectifs indéfinis

5 **Retrouve dans le texte les expressions équivalentes.**

a. Ici, l'équipe *entière* va bien. ➤ ...

b. Nous t'envoyons des trucs *en plus.* ➤ ...

c. *Les* matins nous partons en visite. ➤ ...

d. Nous avons visité *des* villes très pittoresques, *mais pas toutes.* ➤ ...

e. Nous avons appris *deux ou trois* mots en arabe. ➤ ...

f. Nous avons passé *plus d'*un jour dans le désert. ➤ ...

g. *Tous les* jours, *toutes les* minutes, nous pensons très fort à toi ! ➤ ...

Atelier

Éviter des répétitions avec des relatifs

C'est le quartier que vous voyez ici.

La boutique qui est au coin de la rue...

Tu connais un endroit où je pourrais...

Il y a des moments où tu m'épates !

C'est la rue dont je vous ai parlé.

Tu vois la boutique dont les volets...

C'est la seule chose dont je suis sûr !

Nuancer ses propos avec des indéfinis

Toute l'équipe, tous les matins

D'autres choses

Quelques mots

Certaines villes

Plusieurs jours

Chaque jour

Donner un conseil

Il vaut mieux rester ensemble.

Exprimer son soulagement

Heureusement (que...)

Exprimer la nostalgie

Tu nous manques beaucoup.

Sans toi, ce n'est pas pareil.

Parler en langage familier

Des photos *super chouettes* !

On t'envoie des *trucs*.

C'est plus *sympa* qu'au collège

Nous avons *pas mal* voyagé.

Nous avons rencontré *plein* de gens.

Une expérience *géniale* !

À plus (à +)

Les pronoms relatifs *qui, que, où, dont*

1 Choisis le pronom relatif qui convient.

   a. Regarde la djellaba *dont/que/qui* j'ai achetée.

   b. Voici le dessin *où/qu'/dont* Emma a fait.

   c. Comment s'appelle la ville *dont/que/où* tu me parles ? *object de lieu*

   d. Où sont les photos *qui/dont/que* tu voulais me montrer ?

   e. C'est la ville *que/dont/qui* j'aurai le plus beau souvenir. *object de lieu*

2 Reformule les phrases avec *où*, *que*, *qui* ou *dont* comme dans l'exemple.

Ex. Je préfère cette boutique.
(COD) ➤ *C'est la boutique que je préfère.*

   a. Je t'ai parlé *de cette boutique*.
    (Ct du verbe) ➤ C'est la boutique. *que*

   b. *Cette boutique* se trouve sur la place.
    (Sujet) ➤ *C'est la place où*

   c. J'ai acheté un CD *dans cette boutique*.
    (Ct Circonst. de lieu) ➤ *C'est la boutique où j'ai acheté un CD*

   d. Le vendeur *de cette boutique* est très sympa.
    (Ct du nom) ➤ *C'est la boutique dont le vendeur est très sympa*

   e. Je suis fan *de cette boutique*.
    (Ct de l'adjectif) ➤ *C'est la boutique qui*

3 Termine les phrases.

   a. C'est le livre où...

   b. C'est le livre dont le/la/l'/les...

   c. C'est le livre que/qu'...

   d. C'est le livre qui...

   e. C'est le livre dont je...

Rappelle-toi !

Avec le pronom relatif **que/qu'**, le **participe passé** s'accorde en genre et en nombre avec le COD.

Voici les photos que j'ai prises.

GRAMMAIRE

4 **Complète les bulles avec les phrases suivantes.**

a. mes copains m'ont envoyé ?

b. je suis très fière.

c. tout le monde rêve !

d. nous accompagne.

e. les habitants sont très sympatiques.

Marc, c'est le garçon qui... **2**

C'est un dessin dont... **1**

Ce voyage, c'est une expérience dont... **3**

Le Maroc, c'est un pays dont... **4**

Tu as lu le mél que... **5**

Les adjectifs indéfinis

5 **Associe les phrases.**

a. Vous avez fait du surf seulement un jour ?

b. Vous dormiez sur le bateau ?

c. Marc, tu me prêtes ton ordinateur ?

d. Qu'est-ce que tu cherches dans ta valise ?

e. Et toi, laquelle tu préfères ?

f. Qu'est-ce que tu fais ?

1. Je ne sais pas, *chaque* ville a son charme.

2. *Certains* jours seulement.

3. D'accord, mais seulement pour *quelques* minutes.

4. *D'autres* jeux mais je ne les trouve pas !

5. Je regarde *toutes les* photos de Julie.

6. Non, *plusieurs* fois !

6 **Complète les phrases.**

a. On a eu cours tou... les après-midi !

b. Tu as reçu ... autre mél ?

c. Tu as appris ... autre... mots en arabe ?

d. Tu as acheté tou... ces babouches !

7 **Complète le mél avec les mots de la liste.**
certains – chaque – plusieurs – quelques – toute l' – tout le

Supprimer   Indésirable   Répondre   Rép. à tous   Réexpédier   Imprim

Chers Papa et Maman,
Ici, ça va très bien, mais on se lève très tôt ... matins et on est ... temps occupés ! C'est vraiment une belle expérience ! ... jour est différent.
Je vous réécrirai dans ... jours pour vous donner des nouvelles de ... équipe.
Bises, Emma.
P.S. : Je me suis fait ... amies marocaines super sympas !

Les adjectifs indéfinis	
singulier	pluriel
tout(e) le/la	tous/toutes les
un(e) autre	d'autres
un(e) certain(e)	certain(e)s
chaque	
	quelques
	plusieurs

Mots d'ailleurs

La langue française comporte de nombreux mots d'origine arabe que tu connais peut-être :

un abricot   un chiffre   un magasin

l'algèbre   une orange

le café

une valise   un kiosque   du sucre

Le jour où je suis

AZOUZ BEGAG

né en 1957

Nationalité : Français d'origine algérienne

Profession : Écrivain, sociologue et ministre à la Promotion de l'égalité des chances de 2004 à 2007

Auteur de :
• *Le Gone du Chaâba*
• *Béni ou le paradis privé*
• *Les Chiens aussi*
• *Les Voleurs d'écritures*
• *Le Marteau pique-cœur*
• ...

*Beurs : jeunes Français d'origine maghrébine, en langage familier.

Présentation

Dans la plupart de ses romans, Azouz Begag aborde les problèmes des Beurs* qui se retrouvent partagés entre deux cultures (la culture française et celle de leurs parents) et entre deux manières de voir la vie (modernisme et tradition). Il aborde également les problèmes quotidiens de la vie de ces jeunes tels que la pauvreté, le racisme, le chômage, etc. Certains de ses romans sont autobiographiques.

Extrait

Quand j'étais son petit, sitôt rentré de classe, mes devoirs et mes leçons absorbaient tout mon temps, mon énergie et ma santé. Alors, pendant que je travaillais sur la table de la cuisine, elle [ma mère] tenait mes frères et mes sœurs à
5 distance pour laisser l'air nécessaire à mon esprit. J'étais son petit qui allait devenir grand. […]

Mais un jour, je suis devenu grand. Brutalement. […]

Je me souviens très bien de ce jour. Celui où je suis un peu devenu mort moi aussi.

10 J'étais avec ma mère à la maison. Quelqu'un a sonné à la porte et elle m'a dit : « Va ouvrir, ton père a sonné. Il a dû oublier ses clefs. » Et j'ai couru à la porte. J'ai ouvert, mais ce n'était pas mon père du tout. C'était un autre homme. […] C'était son chef. […]

15 – Bonjour p'tit ! ta maman est là ? a demandé le chef.

Mon père n'est pas encore arrivé, j'ai répondu, parce que ma mère ne pouvait pas bien comprendre ce qu'il allait dire.

Elle ne pouvait pas non plus bien lui parler. Mais il a insisté. Son regard était bizarre. Alors je suis allé chercher ma mère.
20 Il lui a jeté à la figure le mot DCD. Elle m'a regardé et m'a demandé qu'est-ce qu'il avait « dicidi » le chef, et moi je ne pouvais pas encore comprendre ce que voulait dire « votre mari est DCD ». DCD... ABCD... […]

Ensuite il a dit : « Monsieur Slimane est mort cet après-
25 midi... Un accident du travail. »

[…] Depuis ce jour, j'ai balancé à la poubelle mon rêve de devenir docteur savant. Volatilisée l'envie d'apprendre le calcul, les affluents de la Seine, l'histoire des rois Louis, les récitations de Paul Verlaine. Quand mon père est devenu
30 DCD, j'ai vu ces choses toutes petites dans la vie et complètement inutiles. […] Ça sert à rien d'apprendre tout de A à Z quand on n'est pas sûr de dépasser le D.

D'après *Les Voleurs d'écritures*, Le Seuil, coll. « Petit Point », Paris, 1990.

devenu grand

Avant de lire le texte

1 Lis la présentation et réponds.

a. Quelle est la nationalité d'Azouz Begag ?

b. D'où viennent ses parents ?

c. Comment appelle-t-on, familièrement, une personne née en France dont les parents sont originaires d'Afrique du Nord ?

Maintenant, lis le texte

2 Vrai ou faux ? Rétablis la vérité, si nécessaire, et cite les passages du texte.

a. Le personnage principal est fils unique.

b. Quand il était petit il étudiait beaucoup.

c. Son père a eu un accident de la route.

3 Que signifie « DCD » ?

a. Décidé.

b. Décédé.

c. Des CD.

4 Réponds aux questions.

a. Quel jour est-il devenu grand ?

b. Qui est venu lui annoncer la mauvaise nouvelle ?

c. À ton avis, pourquoi sa mère ne peut-elle pas bien comprendre ni parler le français ?

d. Qui est monsieur Slimane ?

5 Associe.

a. le calcul   1. la géographie

b. les affluents de la Seine   2. le français

c. les rois Louis   3. les maths

d. les récitations   4. l'histoire

6 Trouve dans le texte des expressions équivalentes.

a. violemment ➤ ...

b. le visage ➤ ...

c. jeter (à la poubelle) ➤ ...

d. (l'envie s'est) envolée ➤ ...

e. ce n'est pas utile ➤ ...

7 Choisis la/les bonne(s) réponse(s).

a. « Apprendre tout de A à Z » signifie :

1. apprendre l'alphabet.

2. tout apprendre.

3. apprendre le contenu de l'annuaire téléphonique.

b. Quels changements se sont produits dans sa vie, le jour où son père est mort ?

1. Il a perdu l'envie d'apprendre.

2. Sa mère n'a plus su parler français.

3. Il est devenu grand d'un seul coup.

c. La mère prononce « DCD » « dicidi », parce qu'...

1. elle a mal compris.

2. elle est presque sourde.

3. elle a un accent étranger.

Atelier d'écriture

8 En petit groupe, faites un récit à la première personne (Je...) dans lequel vous racontez un changement important qui a marqué la vie d'une personne réelle ou imaginaire.

Préparation

9 Remettez dans l'ordre les expressions qui marquent les étapes du récit de la page 18.

1. Je me souviens très bien de ce jour. Celui où je... ; 2. Mais un jour,... ; 3. J'étais... ; 4. Depuis ce jour, je... ; 5. Ensuite... ; 6. Quand j'étais son petit... ; 7. Mais...

Rédaction

10 À tour de rôle, chacun écrit une ou plusieurs parties du récit.

Écrivez votre texte en utilisant les expressions ci-dessus. Corrigez le texte ensemble et lisez-le à la classe.

Le Maghreb

Algérie, Alger

Tunisie, médina d'Hammamet

Océan Atlantique — Maroc — Tunisie — Mer Méditerranée — Chaîne de l'atlas — Algérie — Désert du sahara

Un peu de géographie

Le Maghreb est la région qui se trouve au nord de l'Afrique. Il regroupe trois pays : le **Maroc**, l'**Algérie** et la **Tunisie**.

Maroc, Erg Chebbi, les dunes de Merzouga, Oasis

Maroc, Atlas

Avant de lire les textes

1 Regarde les photos et réponds aux questions des bulles.

2 Regarde la carte et complète.
Le Maghreb est bordé au ... par la mer Méditerranée, à l'ouest par ... et au sud par le désert du ... . Il est traversé par la chaîne de l'... sur plus de 2 000 km.

Pays (capitales)	Algérie (Alger)	Maroc (Rabat)	Tunisie (Tunis)
Langues	arabe (langue officielle), dialectes arabes, berbère, français (dans les affaires et l'enseignement)		
Religion	islam		
Climat	méditerranéen, océanique, continental et saharien		
Principales villes	Alger, Oran, Constantine...	Rabat, Casablanca, Marrakech...	Tunis, Djerba, Sfax...

Un peu d'Histoire

Différents peuples se sont succédé dans la région du Maghreb : les Berbères le peuplent dès la préhistoire, puis les Phéniciens viennent s'y installer au VIIIe siècle avant J.-C. L'une des villes les plus prospères est alors Carthage. Ensuite ce sont les Romains (IIe siècle av. J.-C.), les Arabes (VIIe siècle) – qui font ainsi entrer le Maghreb dans le monde musulman –, et les Turcs, en 1553. Ce n'est qu'au XIXe siècle que les trois pays (Maroc, Tunisie, Algérie) seront intégrés à l'empire colonial français. Ils obtiendront finalement leur indépendance après 1945.

Ruines romaines de Volubilis (Maroc)

> À ton avis, pourquoi trouve-t-on des vestiges romains au Maghreb ?

> Comment s'appellent les lieux de culte religieux ?

Culture et langues

La civilisation arabe a apporté un art nouveau au Maghreb (mosquées, souks, hammams, médinas, casbahs...). L'arabe est ainsi devenu la langue officielle (même si elle est souvent parlée dans une forme dialectale).

Une mosquée (Alger)

Le souk de Marrakech

Les Berbères, de leur côté, essaient de conserver leur identité, leur langue et leur mode de vie, en particulier dans l'Atlas. Certains sont nomades, d'autres sédentaires.

Suite à la colonisation, le français est aussi utilisé au Maghreb dans l'administration, les affaires et l'enseignement.

Une femme berbère

> À ton avis, qu'est-ce qu'un souk ?

> Qui sont les Berbères ?

Maintenant, lis les textes

3 Vérifie tes réponses à la question 1.

4 Replace dans l'ordre les différents peuples qui ont marqué l'histoire du Maghreb.

les Romains – les Turcs – les Berbères – les Français – les Phéniciens – les Arabes

5 Observe le tableau et retrouve les noms de villes du Maghreb.

C✶S✶BL✶NC✶ ➤ ...　　R✶B✶T ➤ ...　　T✶N✶S ➤ ...
C✶NST✶NT✶N✶ ➤ ...　　M✶RR✶K✶CH ➤ ...　　✶LG✶R ➤ ...

6 Lis les textes et réponds.

  a. Est-ce que tous les Maghrébins parlent la même langue arabe ?

  b. Qui sont les Berbères ? Où vivent-ils ?

  c. Pourquoi parle-t-on français au Maghreb ?

7 Quels peuples ont marqué l'histoire de ton pays ?

Projet

8 Par groupe de trois.

  a. Choisissez trois pays de l'Afrique francophone.
  Cherchez des informations sur Internet, dans une encyclopédie... sur la capitale et les principales villes de ces pays, la culture et les langues parlées.

  b. Présentez-les à la classe.

DELF B1

Fais le point 1

Compréhension orale

1 🔊 **Écoute et complète les phrases.**

a. On appelle … (nom) « la ville … » à cause de la … de ses murs qui mesurent … km.

b. Pendant la journée, il faisait très …, alors on faisait la … ou on se promenait dans les … .

c. Dans cette ville, il y a beaucoup de …, car c'est la ville la plus … du … (pays).

d. Quand on est dans la ville, on voit les montagnes de … (nom) avec de la neige.

e. Ce qu'il a préféré c'est la … Jemaa-el-Fna : c'est la plus … du Maghreb.

f. On y boit les meilleurs … du monde.

Expression orale

2 **Choisis un des deux sujets.**

a. Décris ton dernier voyage : où tu es allé(e), ce que tu as fait, ce que tu as vu, où tu as mangé… Donne ton opinion sur ton voyage.

b. Un ami étranger vient te rendre visite. Tu lui donnes des conseils : tu lui parles des choses à voir dans ta région, ta ville, des choses à faire, des souvenirs à rapporter…

Compréhension écrite

3 **Replace les mots suivants dans le texte.**

départ – endroit – environnement – habitants – manière – partants – projet – taille – transports – vraiment

Le tourisme solidaire : une nouvelle … de voyager

Mot à la mode depuis quelque temps, mais en quoi consiste-t-il vraiment ?

Il faut d'abord remplir plusieurs conditions si on veut … faire du tourisme solidaire : premièrement s'informer avant le …, ensuite être un groupe de petite … (de deux à dix personnes), aller dans un … éloigné des zones touristiques, établir des contacts avec les … et les dirigeants civils locaux, utiliser les ressources locales (nourriture, …, guides, etc.), respecter l'… et impliquer les populations locales dans les différentes phases du … touristique.

Vous êtes … ?

Expression écrite

4 **Tu pars quelques jours en excursion avec ton collège dans une autre ville de ton pays. Tu envoies un mél à tes parents.**

Marrakech, place Jemaa-el-Fna

✉ Message

Kel chance vs AV ! Le Maroc doit etre super. Bon voyage. A + Max

Bienvenue au Sénégal !

Lors de cette 2e escale, apprends à :

- raconter des faits passés pp. 24-25
- exprimer la cause et la conséquence pp. 24-25
- raconter une anecdote
  ou un fait marquant de ta vie pp. 26-27

Tu vas aussi découvrir :

Supprimer   Indésirable   Répondre   Rép. à tous   Réexpédier   Imprimer

De : océane@francovision.fr
À : omaximom@youpi.fr
Objet : Bonjour du Sénégal !

Cher Max,
Nous sommes arrivés hier à Dakar au Sénégal.
Demain, nous repartons vers le sud,
à Palmarin. Marc a été très énigmatique:
il nous a parlé de «Robinson», mais il a
voulu garder le secret, car il veut nous
faire une surprise. Donc, on t'en dira plus
dans notre prochain mél. Et ta jambe?
       Tu as le bonjour de toute
       l'équipe de L'Océane.

Q▾

Blog Océane

Retour au pays

Nous avons rencontré Seydou et Khady. Ils nous ont raconté pourquoi ils avaient quitté la France et étaient repartis au Sénégal à la recherche d'un petit coin de paradis pour construire un hôtel pas comme les autres.

Ensuite, nous sommes allés visiter une des cabanes sur la lagune. Superbe !

Comment vous est venue l'idée de construire un hôtel ici?

K : Seydou et moi, nous sommes nés tous les deux à Dakar mais nous nous sommes connus à Paris, à la fac.

S : Oui, nous sommes partis en France à cause de nos études et du travail. Mais notre vie était devenue vraiment trop stressante alors on a pris la décision de revenir au Sénégal.

Et pourquoi Palmarin?

K : On cherchait un endroit magique où s'installer et on nous avait parlé de cette région. Elle est très jolie, c'est vrai, mais on ne trouvait pas le petit coin de paradis dont on avait rêvé. On a donc décidé de le créer nous-mêmes ici, à Palmarin !

S : Oui. Au départ, on avait pensé à un hôtel basé sur l'écotourisme parce qu'on voulait préserver la pureté de l'endroit. Alors on a eu l'idée de cabanes sur la lagune.

Et c'est vraiment une idée magnifique. Mais il n'y avait rien ici, quand vous êtes arrivés? Il a donc fallu tout faire de A à Z?

S : Oui, mais on avait engagé des gens des villages de la région et grâce à cette super équipe on a pu réaliser notre projet en un an seulement !

Observe les documents

1 Que présente le blog ?
  a. Un jeu de questions-réponses.
  b. Une interview.
  c. Un carnet de bord.

2 Lis l'introduction. À ton avis...
  a. Qui est « nous » ?
  b. Qui sont Seydou et Khady ?
  c. Pourquoi sont-ils ici ?

Tu comprends ?

3 Lis le document. Vrai ou faux ?
  a. Seydou et Khady sont français.
  b. Ils sont partis de France car ils n'avaient pas de travail.
  c. Ils ont tout fait eux-mêmes, sans l'aide de personne.
  d. Toute l'équipe a visité la cabane.

4 Retrouve le nom...
  a. d'une ville française et de deux villes du Sénégal.
  b. d'une étendue d'eau.
  c. d'un arbre.

Étienne et Lucas ont même pu admirer le paysage du haut d'un baobab. Julie, elle n'a pas voulu car elle a le vertige !

Étienne et Lucas en haut du BAOBAB

Grammaire

Le plus-que-parfait (PQP)

5 **Observe les verbes dans ces phrases.**

    a. Quelle est l'action antérieure (= action 1) ?

    Ex. Seydou et Khady nous ont raconté (action 2) *pourquoi ils avaient quitté la France.* (action 1)

    1. On ne trouvait pas le petit coin de paradis dont on avait rêvé.

    2. On avait pensé à un hôtel basé sur l'écotourisme. Alors on a eu l'idée de cabanes sur la lagune.

    3. On avait engagé des gens des villages et on a pu réaliser notre projet en un an.

    b. À quel temps sont conjugués les verbes des phrases ci-dessus ? (passé composé, imparfait, plus-que-parfait ?)

    c. Complète.
Le plus-que-parfait exprime une action ... à une autre action passée.

6a **Relève dans le document tous les verbes au plus-que-parfait.**

    Ex. ils avaient quitté / ils étaient repartis...

6b **Mets ces verbes au passé composé.**

    Quels sont les auxiliaires employés ?
À quel temps sont-ils conjugués ?
Comment s'accorde le participe passé ?

    *Ex. ils avaient quitté → ils ont quitté
ils étaient repartis → ils sont repartis*

ÉCRIT

6c **Complète les règles.**

    ➤ Le plus-que-parfait se forme avec l'... *avoir* ou *être* conjugué à l'... + le ... .

    ➤ Avec l'auxiliaire ..., le participe passé s'accorde en genre et en nombre avec le sujet.

                            ➤ Entraîne-toi page 28

Mes mots

La cause et la conséquence

7a **Complète les phrases à l'aide du texte.**

    a. On a quitté Dakar ... nos études.

    b. À Paris, notre vie était très stressante ... on a décidé de rentrer au pays.

    c. On ne trouvait pas l'endroit de nos rêves, on l'a ... créé !

    d. On a eu l'idée de l'écotourisme ... on voulait préserver l'environnement.

    e. On a pu réaliser notre projet ... la super équipe qu'on avait engagée.

7b **Quelles expressions expriment la cause ? Et la conséquence ?**

À toi !

8 **Le jeu des phrases insolites**

À deux. Tu prépares une phrase inachevée avec pour dernier mot une expression de cause ou de conséquence. Tu ne laisses voir que le dernier mot.

Ensuite ton/ta camarade complète la phrase ; vous la corrigez, et vous la lisez. La phrase la plus insolite gagne.

Ex. J'ai le vertige à cause de /
/ la couleur de mes chaussures.

Utile...

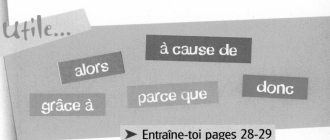

alors   à cause de   donc   grâce à   parce que

➤ Entraîne-toi pages 28-29

La peur de

Le marabout du village

Les fameux mégalithes (patrimoine de l'Unesco)... et le phacochère !

MAXIME. – Salut à tous. Ça y est..., je vous vois. Au fait, j'ai reçu vos dessins et vos photos tu es très belle Emma avec ton boubou ! Et Marc est génial à côté du marabout du village ! Mais où est-ce que ces photos ont été prises ?

JULIE. – C'est moi qui les ai faites dans la brousse. Il y a deux jours on est allés faire un reportage sur des cercles de pierres.

MARC. – Oui, ce sont des mégalithes très mystérieux qui datent de plus de deux mille ans, et qui ont été classés au patrimoine de l'Unesco. C'est vraiment...

MAXIME. – Oui, mais pourquoi vous étiez tous montés sur le taxi-brousse ?

EMMA. – Ben, on était en train de regarder des cercles mégalithiques quand, soudain, nous avons été attaqués par un phacochère.

MAXIME. – Non ?!

ÉTIENNE. – Les gens d'un village voisin ont été alertés par le chauffeur du taxi-brousse et ils sont venus nous aider.

MARC. – Oui, et le lendemain j'ai été contacté par un journal local qui voulait connaître notre histoire.

LUCAS. – C'est que maintenant on est connus de tous les habitants de la région ! Un article a même été publié sur nous dans un journal, ce matin !

JULIE. – Hier on a même été interviewés par deux journalistes et mes photos ont été publiées avec l'article. On va te l'envoyer, tu verras !

LUCAS. – Étienne est en première page, sur la branche d'un baobab avec un gros phacochère en bas ! Il est resté deux heures comme ça !

ÉTIENNE. – Oui, ils rigolent, mais pour moi, j'ai eu la peur de ma vie !

Observe les documents

1 Réponds aux questions.
- **a.** Reconnais-tu les personnages du premier dessin ?
- **b.** Qu'ont-ils visité ?
- **c.** À ton avis, que s'est-il passé ?

Tu comprends ?

2 **Écoute et complète les phrases.**
- **a.** L'équipe est allée faire un reportage sur ...
- **b.** Ils ont été attaqués par ...
- **c.** Ils ont été aidés par ...
- **d.** Étienne est resté deux heures sur ...

3 **Écoute et réponds.**
- **a.** Qui a averti les habitants d'un village voisin ?
- **b.** Qui a contacté l'équipe le jour suivant ? Pourquoi ?
- **c.** Qui a fait les photos qui apparaissent dans le journal ?

Grammaire

La voie passive

4 Observe ces phrases.
1. Un phacochère nous a attaqués.
2. On a publié mes photos dans la presse.
3. Tous les habitants de la région nous connaissent.

Attention !

On a publié mes photos dans la presse.

→ Mes photos ont été publiées dans la presse. (sans complément d'agent)

TS DIVERS

Français dans la brousse

, cinq jeunes Français en visit
s notre pays se sont retrouv
ns une situation très inconf
ole. En effet, lors de leur vi
cercles mégalithiques de S
ont été attaqués p
à la s

a. Souligne le sujet et le COD de chaque phrase.

b. Trouve dans le dialogue les phrases correspondantes.

c. Compare les deux types de phrases. Que remarques-tu ?

5 Complète le tableau.

Voie active		Voie passive
...	➤	complément d'agent (introduit par ... ou ...)
COD		...

6a Observe et complète le tableau.

a. Où est-ce qu'on a pris ces photos ?

➤ (passé composé) (voix active)

b. Où est-ce que ces photos ont été prises ?

➤ (passé composé) (voie passive)

Voie active		Voie passive
verbe au passé composé	➤	auxiliaire... au passé composé + participe passé
verbe au présent		auxiliaire... au présent + participe passé

6b Au passif, avec quoi s'accorde le participe passé ?

7 Retrouve tous les verbes au passif dans le texte. À quel temps sont-ils conjugués ?

➤ Entraîne-toi page 29

Mes mots

8 Écris une légende pour chaque photo. (Utilise des mots de la double page).

1

2

3

4

5

Ex. 4 : femme sénégalaise en boubou

À toi !

9 Le jeu des questions

Quelle a été la plus grande peur de ta vie ?

– À deux. Écris une anecdote racontée par ton/ta camarade.

Pose-lui des questions pour deviner son anecdote, puis inversez les rôles.

– Écris l'histoire de ton/ta camarade. Il/Elle écrit la tienne.

Utile...

Ça s'est passé quand ?

Qu'est-ce que tu faisais ?

Soudain...

Un jour où...

J'étais en train de...

➤ Entraîne-toi pages 28-29

Situer des faits antérieurs à d'autres faits passés

Ils nous ont raconté comment ils avaient quitté la France et ils étaient repartis au Sénégal.

On nous avait parlé de cette région mais on ne trouvait pas ce qu'on recherchait.

On avait pensé à un hôtel basé sur l'écotourisme, alors on a construit de petites cabanes.

On avait engagé des gens de la région, alors on a pu réaliser notre projet.

Exprimer la cause

Nous sommes partis en France à cause de nos études.

Grâce à cette super équipe on a pu réaliser notre projet.

Exprimer la conséquence

Mais notre vie était devenue stressante alors on a pris la décision de rentrer.

Il a donc fallu tout faire de A à Z.

Exprimer des faits au passif

Où est-ce que ces photos ont été prises ?

Ces monuments ont été classés au patrimoine de l'Unesco.

On est connus de tous les habitants de la région.

Nous avons été attaqués par un phacochère.

Les gens du village ont été alertés par le chauffeur.

J'ai été contacté par un journal local.

Un article a été publié sur nous.

Poser des questions / Raconter une anecdote

Ça s'est passé quand ?

Qu'est-ce que tu faisais ?

Pourquoi Étienne est-il monté sur le baobab ?

C'était un jour où...

J'étais en train de...

Soudain...

Atelier

Le plus-que-parfait (PQP)

1 **Choisis l'auxiliaire, conjugue les verbes et fais l'accord si nécessaire.**

a. – Vous ... visité... beaucoup d'endroits, avant de choisir Palmarin ?
– Deux ou trois, mais on ... reparti... un peu déçus de nos visites.

b. – Vous ... décidé... dès le départ de construire un hôtel ?
– Non, pas au début, mais petit à petit, nous ... arrivé... à la conclusion que c'était le rêve de notre vie.

Le plus-que-parfait

➤ Il exprime une action antérieure à une autre action passée.
➤ Il se forme avec l'auxiliaire *avoir* ou *être* à l'imparfait.
➤ Son participe passé s'accorde en genre et en nombre :
– avec le COD → si le COD est placé devant le verbe conjugué avec l'auxiliaire *avoir*.
– avec le sujet → avec un verbe conjugué avec l'auxiliaire *être*.

Chers parents,

Vous ne devinerez jamais ce qui m' ... (arriver) ! C'... (être) il y a trois jours, on ... (faire) une excursion dans la brousse et on ... (s'arrêter) dans un petit village car Marc n' ... (pas prendre) assez d'eau. Mais dans le village personne ne ... (parler) ni français, ni anglais. Alors une petite fille ... (aller) chercher quelqu'un. Et vous ne savez pas qui ... (arriver) ? Le docteur Diouf, notre voisin sénégalais ! Vous vous souvenez qu'il ... (repartir) en Afrique l'an dernier. Eh bien voilà comment on ... (se retrouver) ! Incroyable, non ?

Emma

2 **Complète la lettre avec l'imparfait, le passé composé ou le plus-que-parfait.**

Rappelle-toi !

On emploie l'imparfait :

➤ Pour décrire le cadre d'une action.

➤ Pour parler d'actions répétitives, habituelles.

➤ Pour parler d'une action en cours d'accomplissement dans le passé.

On emploie le passé composé :

➤ Pour parler d'actions achevées dans le passé et situées à un moment précis.

La cause et la conséquence

3 Relie les phrases.

a. Ils ont quitté la France parce qu'

b. Grâce à l'aide d'autres personnes,

c. Ils ont adoré Palmarin donc

d. Ils voulaient se rapprocher de leur famille ; alors

1. ils ont fait les travaux en un an seulement.

2. ils voulaient changer de vie.

3. ils ont décidé de rentrer au Sénégal.

4. ils ont décidé de s'y installer.

4 Complète avec des expressions différentes.

à cause − alors − grâce − parce que

a. Max suit les aventures de ses amis ... au blog de *L'Océane*.

b. Julie ne voulait pas monter dans l'arbre ... du vertige.

c. Ils ont adoré l'hôtel, ... ils ont décidé d'y passer la nuit.

d. L'interview s'est bien passée ... Seydou et Khady sont très aimables.

Pour exprimer la cause :
parce que / à cause de / grâce à

Pour exprimer la conséquence :
donc / alors

La voie passive

5a Signale les phrases à la voie passive.

a. Étienne était monté dans le baobab pour se protéger.

b. Vous avez été interviewés le jour même ?

c. Le matin, un habitant avait été attaqué par un phacochère.

d. Le marabout était très apprécié des villageois.

5b Transforme-les à la voie active. Attention aux temps.

6 Transforme au passif. Attention à l'accord du participe passé.

a. Les journalistes vont publier un article sur l'équipe. ➤ Un article sur l'équipe ...

b. Un habitant du village vient de raconter l'histoire aux deux journalistes. ➤ L'histoire ...

c. On a construit les cabanes dans les baobabs. ➤ ...

d. Les villageois chassaient les phacochères. ➤ ...

La voie passive

Voie active : Sujet + verbe + COD

Voie passive : Sujet + être + p. passé du verbe + C. d'agent

Julie prend des photos.

*Des photos **sont** prises **par** Julie.*

Attention ! Dans la phrase passive être est conjugué au même temps que le verbe de la phrase active.

Attention ! Le participe passé du verbe passif s'accorde avec le sujet.

*Les photos ont été pris**es** par Julie.*

Mots d'ailleurs

La langue française comporte des mots d'origine africaine que tu connais peut-être :

un baobab

un chimpanzé

une banane

le cola

Souffles

BIRAGO DIOP

1906-1989

Nationalité :
Sénégalaise

Profession :
Écrivain sénégalais d'expression
française, diplomate, médecin,
vétérinaire.

Auteur de :
• *Les Contes d'Amadou Koumba* (1947)
• *Les Nouveaux Contes
  d'Amadou Koumba* (1958)
• *Contes et Lavanes* (1963)
• *Leurres et Lueurs* (1960) (poèmes)
• *La Plume raboutée* (1978)
• …

Présentation

*Birago Diop est sénégalais, d'origine wolof. Dans ses ouvrages,
il rend hommage à la tradition orale des conteurs populaires
de son pays (les griots).*

Souffles

Écoute plus souvent
Les Choses que les Êtres
La Voix du Feu s'entend,
Entends la Voix de l'Eau.
5 Écoute dans le Vent
Le Buisson en sanglots :
C'est le Souffle des ancêtres.

Ceux qui sont morts ne sont jamais partis :
Ils sont dans l'Ombre qui s'éclaire
10 Et dans l'ombre qui s'épaissit.
Les Morts ne sont pas sous la Terre :
Ils sont dans l'Arbre qui frémit,
Ils sont dans le Bois qui gémit,
Ils sont dans l'Eau qui coule,
15 Ils sont dans l'Eau qui dort,
Ils sont dans la Case, ils sont dans la Foule :
Les Morts ne sont pas morts.

Écoute plus souvent
Les Choses que les Êtres
20 La Voix du Feu s'entend,
Entends la Voix de l'Eau.
Écoute dans le Vent
Le Buisson en sanglots :
C'est le Souffle des Ancêtres.
25 Le souffle des ancêtres morts,
Qui ne sont pas sous la Terre,
Qui ne sont pas morts.
[…]

D'après *Les Contes d'Amadou Koumba*, « Souffles », Birago Diop, 1947.

Avant de lire le poème

1 Lis la présentation de l'auteur.

a. Quelle est la nationalité de Birago Diop ? À quelle ethnie appartenait-il ?

b. Quelles professions a-t-il exercées ?

c. Qu'est-ce qu'un « griot » ?

2 Existe-t-il, dans ton pays, des contes populaires ? Lesquels ?

Maintenant, lis le poème

3 Explique le titre du poème : de quels « souffles » s'agit-il ?

4 Parmi les quatre éléments de la nature (la terre, le feu, l'air et l'eau), lesquels sont cités dans le poème ?

5 Trouve dans le poème les mots et expressions équivalents :

a. les personnes ➤ les ...

b. qui pleure ➤ en ...

c. un espace sans lumière ➤ l'...

d. qui devient plus épais(se) ➤ s'...

e. qui produit un bruit en vibrant ➤ qui ...

f. qui exprime sa souffrance, qui se plaint ➤ qui ...

g. beaucoup de personnes rassemblées ➤ la ...

6 Choisis la bonne réponse.

Selon le poète...

a. que vaut-il mieux écouter ?
   – Les choses.
   – Les personnes.

b. de quelles « choses » s'agit-il ?
   – Des objets quotidiens.
   – Des choses de la nature.

c. ces choses :
   – sont silencieuses et on ne peut pas les entendre.
   – semblent silencieuses parce qu'on ne sait pas les écouter.

d. nos ancêtres :
   – sont morts et enterrés.
   – sont toujours présents parmi les choses qui nous entourent.

7 Interprétation du poème. À ton avis...

a. Observe les verbes *Écoute* et *Entends*. À quel mode sont-ils ?
   ➤ Qu'exprime-t-on avec un tel mode ?

b. À quelle personne sont ces verbes : *tu* ou *vous* ?
   ➤ Qui donne ces conseils : une personne âgée, un enfant... ?

c. Dans le poème on parle d'une « case » ? Où trouve-t-on ce type d'habitation ?
   ➤ La personne qui donne ces conseils est d'origine européenne, africaine... ?

d. À qui s'adresse le poète :
   – aux Sénégalais ?
   – aux Occidentaux ?

e. Quels messages veut-il nous donner ?
   – On doit apprendre à écouter les voix de la nature.
   – On doit être attentifs aux voix de nos ancêtres qui se trouvent dans la nature.
   – On ne doit pas oublier nos ancêtres même s'ils sont morts.

8 Interprétation libre
Selon toi, pourquoi ne sait-on plus écouter les voix de la nature, les voix de nos ancêtres ?

Atelier d'écriture

9 Par groupe de deux, écrivez un poème.

Pour votre poème, choisissez...

a. un thème ➤ le voyage, l'aventure, une grande peur...

b. le nombre de pieds, de vers

c. la disposition des rimes

   Voux pouvez utiliser le début de « Souffles » et vous aider d'un dictionnaire des rimes : http://www.barbery.net/lebarbery/noindex/pourlesnuls-standard.htm

Le Sénégal

Le Sénégal est un pays pluriethnique avec plus de 25 ethnies différentes. Il doit son nom au fleuve qui le borde à l'est et au nord. La langue officielle est le français (dans les administrations, les écoles, etc.) car la France a occupé la région jusqu'à son indépendance, en 1960 (année où les Sénégalais ont élu leur premier président). Mais il existe de nombreuses autres langues : le wolof, le diola, le malinké, le poular, le sérère, le soninké....

Dakar, capitale, 2,5 millions d'habitants.

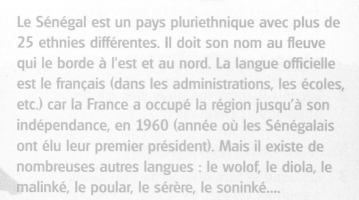

Au nord, le paysage se désertifie ; on aperçoit les premières dunes qui annoncent le désert de Mauritanie.

Observe les documents

1 Réponds aux questions.

a. À ton avis, d'où vient le nom de « Sénégal » ?

b. Combien de pays ont une frontière avec le Sénégal ?

c. Qu'est-ce que la Gambie ?

2 Vrai ou faux ?

a. Le fromager est un arbre.

b. La mangrove est un paysage désertique.

c. Le centre du Sénégal est désertique.

d. Le Niokolo-Koba est recouvert par la forêt tropicale.

La savane couvre
une grande partie du territoire.
Le parc du Niokolo-Koba

Sur les berges du Sine-Saloum
la mangrove est partout présente.

Fromagers de la forêt tropicale.

Personnalités sénégalaises

Léopold Sédar Senghor (1906-2001)

À 16 ans, il quitte le Sénégal pour la France où il devient enseignant et publie aussi des poèmes et des essais. En 1960, lors de l'indépendance du pays, il est élu premier président de la République du Sénégal (jusqu'en 1980). Il décède en 2001.

Ousmane Sow (né en 1935)

À l'âge de 22 ans il part pour la France où il exerce le métier de kinésithérapeute, ce qui aura une grande influence sur son travail de sculpteur. Aujourd'hui, il est considéré comme l'un des plus grands sculpteurs contemporains.

Youssou N'Dour (né en 1959)

C'est un chanteur engagé : il est ambassadeur pour les Nations unies et pour l'Unicef et a organisé plusieurs concerts pour Amnesty International.

Maintenant, lis les textes

3 Parmi ces trois personnages, qui est/a été...

écrivain ? kinésithérapeute ? homme politique ? ambassadeur pour l'Unicef ? poète ? sculpteur ? chanteur ?

4 Et dans ton pays ?

Connais-tu des personnages de ton pays qui se sont installés en France ou dans un pays francophone et qui y sont devenus célèbres ?

Projet

5 Par groupe de trois. Présentez à la classe une des régions du Sénégal.

a. Choisissez votre région.
   Dakar, l'île de Gorée, le lac Rose, la Casamance, Le Niokolo-Koba, Ziguinchor...

b. Faites des recherches sur Internet ou dans une encyclopédie sur les ethnies de cette région, les langues parlées, les traditions, l'artisanat, la faune et la flore...

c. Présentez votre exposé à la classe.

Fais le point 2

DELF B1

Compréhension orale

1a  **Écoute et réponds aux questions.**

   a. Pourquoi le fils pose-t-il des questions à sa mère ?

   b. Qui propose les personnages suivants : la mère ou le fils ?
   1. Youssou N'Dour
   2. Ségolène Royal
   3. Léopold Sédar Senghor

   c. Pourquoi ne veut-il pas choisir les premiers personnages proposés par sa mère ?

1b **Réponds par** *vrai*, *faux* **ou** *On ne sait pas*. **Corrige les phrases fausses.**

   a. Ségolène Royale est sénégalaise.

   b. Elle a travaillé au ministère de la Famille, de la Santé et de l'Environnement.

   c. Elle n'est pas mariée et n'a pas d'enfants.

   d. Elle a fait ses études en France.

Expression orale

2 **Choisis un des deux sujets.**

   a. Raconte une anecdote, une aventure amusante qui t'est arrivée.

   b. Est-ce que tu aimerais aller au Sénégal ? Pourquoi ?

Compréhension écrite

3a Lis le texte.

3b **Vrai ou faux ? Relève la phrase du texte qui le montre et corrige si nécessaire.**

   a. Chaque pays ne peut avoir qu'un site inscrit au patrimoine mondial.

   b. Seuls les monuments peuvent être inscrits au patrimoine mondial.

   c. Les pays reçoivent de l'argent de l'Unesco pour conserver ces sites.

3c Réponds aux questions.

   a. Avec quelle fréquence les nouveaux sites sont-ils inscrits au patrimoine mondial ?

   b. Combien de sites ont été acceptés en Europe en 2006 ?

Expression écrite

4 **Fais une recherche à l'adresse suivante http://whc.unesco.org/fr/list/ sur l'un des sites protégés de ton choix et écris un article le présentant.**

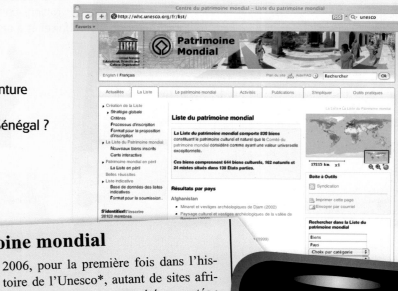

Notre patrimoine mondial

Le château de Versailles, le parc national d'Uluru en Australie, etc. sont des sites inscrits au patrimoine mondial de l'Unesco* pour leur valeur naturelle ou culturelle. Ils sont ainsi protégés et reçoivent des aides financières pour leur conservation.

Tous les ans les nouvelles propositions de sites à classer sont examinées. Plus de 800 sites de presque 140 pays font déjà partie de cette liste. En juillet 2006, pour la première fois dans l'histoire de l'Unesco*, autant de sites africains qu'européens ont été acceptés : la ville historique fortifiée de Harrar Jugol (Éthiopie), les Cercles de pierre de Sénégambie (Gambie et Sénégal), les sites d'art rupestre de Chongoni (Malawi) et de Kondoa (Tanzanie), le site d'Aapravasi Ghat (île Maurice).

*Unesco : Organisation des Nations unies pour l'éducation, la science et la culture.

✉ Message

Ma jambe est + ou – OK. Serai avec vs très bientôt. A + ! Max

Discussion à la Réunion

Lors de cette 3ᵉ escale, apprends à :

Tu vas aussi découvrir :

Supprimer   Indésirable   Répondre   Rép. à tous   Réexpédier   Imprimer

De : océane@francovision.fr
À : omaximom@youpi.fr
Objet : **En route vers la Réunion**

Cher Max,
Ça fait déjà six jours qu'on longe la côte ouest de l'Afrique direction l'île de la Réunion via le cap de Bonne-Espérance. On est tous très impatients d'arriver et de te revoir. Est-ce que tu vas venir nous rejoindre là-bas? Donne-nous vite de tes nouvelles!
Orovwar! (= «au revoir» en créole réunionnais! ☺)
          Tes quatre amis + Marc!

Difficile de se met

Vous ne m'avez pas dit quelles excursions vous vouliez faire demain ?

On n'arrive pas à se mettre d'accord !

MARC. – Alors, vous ne m'avez pas dit quelles excursions vous vouliez faire demain ? Au fait, où est Julie ? Vous ne vous êtes pas fâchés, au moins ?

ÉTIENNE. – Ben... on a un petit problème avec Julie : on n'arrive pas à se mettre d'accord ! Quand je lui ai demandé ce qu'elle avait décidé elle m'a répondu qu'elle voulait aller à la plage à Grande-Anse !

EMMA. – Arrête de te plaindre ! C'est aussi une bonne idée : on m'a dit que c'était une plage superbe !

ÉTIENNE. – Tu parles ! Marc nous a proposé de descendre le Maïdo en VTT et elle, elle veut aller à la plage !

LUCAS. – Descendre le Maïdo en VTT... Julie n'apprécie pas vraiment ce type de sensations fortes ! Tu sais bien qu'elle a le vertige ! Rappelez-vous, sur le baobab au Sénégal !

ÉTIENNE. – Et quand je lui ai demandé si elle voulait aller voir le piton de la Fournaise, elle m'a répondu que les éruptions volcaniques, c'était son cauchemar ! Peuh ! Ah... comme Maxime me manque !

JULIE. – Ça y est ! Je sais ce que je veux faire ! Survoler l'île en ULM : ça vous dit ?

ÉTIENNE. – En ULM ? Bof... Mais... et ton vertige ? Tu ne disais pas que tu ne monterais plus jamais à plus de deux mètres au-dessus du sol ?

JULIE. – Oui, mais je n'ai pas le vertige quand je suis en avion ! Pourquoi ? Il y a un problème ?

ÉTIENNE. – J'hallucine !

Observe les documents

1 Réponds aux questions.
- **a.** De quoi parlent-ils ?
- **b.** Quel est le problème ?
- **c.** Observe les photos. À ton avis, que veut faire Étienne ? Et Julie ?

Descendre le Maïdo en VTT.

Survoler l'île de la Réunion en ULM.

Découvrir le piton de la Fournaise.

Aller à la plage à Grande-Anse.

Tu comprends ?

2 🔘 **Écoute et réponds.**
- **a.** Pourquoi Julie ne veut-elle pas...
  - – descendre le Maïdo, selon Lucas ?
  - – aller au piton de la Fournaise, selon Étienne ?
- **b.** Corrige tes réponses à la question 1c.

3 🔘 **À ton avis...**
Étienne est-il d'accord pour survoler l'île en ULM ? Pourquoi ?

4 Retrouve l'équivalent dans le texte.
- **a.** Arriver à un accord. ➤ ...
- **b.** Un mauvais rêve. ➤ ...
- **c.** Je voudrais avoir Maxime avec nous. ➤ ...

tre d'accord !

Marc nous a proposé de descendre le Maïdo en VTT, et elle, elle veut aller à la plage !

Ça y est ! Je sais ce que je veux faire !

« Descendons le Maïdo ! » ➤ impératif	Marc nous a proposé ... ➤ ...
« Je ne monterai plus à plus de deux mètres ! » ➤ futur	Tu ne disais pas que tu ... ➤ ...

➤ Entraîne-toi pages 40-41

Mes mots

Réagir aux propos de quelqu'un

6 Que dis-tu dans ces situations ? Associe.

1. J'hallucine ! pas !
2. Arrête de te plaindre !
3. Ne te fâche pas !
4. Tu parles !

a. À quelqu'un qui se met en colère. ➤ ...
b. À quelqu'un qui proteste tout le temps. ➤ ...
c. Quand tu n'es pas d'accord avec ce que quelqu'un a dit ! ➤ ...
d. Quand tu n'arrives pas à croire ce que tu vois, ou ce que tu entends. ➤ ...

Grammaire

Le discours indirect

5 Observe le dialogue et retrouve les changements au discours indirect.

a. Les changements de personnes

1. « **Je** veux aller à la plage ! »
   ➤ Elle m'a répondu qu'... voulait aller à la plage.
2. « Les éruptions, c'est **mon** cauchemar ! »
   ➤ Elle m'a répondu que les éruptions c'était ... cauchemar.

b. Les différences de construction

1. « C'est une plage superbe ! »
   ➤ On m'a dit ... c'était une plage superbe !
2. « Qu'est-ce que tu as décidé ? »
   ➤ Je lui ai demandé ... elle avait décidé.
3. « Est-ce que tu veux aller voir le piton de la Fournaise ? »
   ➤ Je lui ai demandé ... elle voulait aller voir le piton de la Fournaise.
4. « Descendons le Maïdo ! »
   ➤ Marc nous a proposé ... descendre le Maïdo.

c. La concordance des temps
   Complète le tableau.

Discours direct	Discours indirect au passé
« Je veux aller à la plage. » ➤ présent	Elle leur a répondu qu'elle ... ➤ ...
« Qu'est-ce que tu as décidé ? » ➤ passé composé	Je lui ai demandé ce qu'elle ➤ ...

À toi !

7 Jouez au « téléphone sans fil ».
Pose une question ou donne un conseil à tes amis grâce au « téléphone sans fil » !

Qu'est-ce que tu as fait hier ?

1

Pierre m'a demandé...

2

Tu as demandé à Pierre...

3

Utile...

Il m'a dit que...

Elle m'a dit de...

Il m'a demandé si...

Elle m'a demandé ce que...

➤ Entraîne-toi pages 40-41

Tout le monde

Document A

1.

L'équipage de *L'Océane*, en visite sur notre île

2.

PRUDENCE SUR LA ROUTE :
de violentes pluies prévues pour demain

Document B

3.

Descente du Maïdo en VTT :
record d'inscriptions battu

4.

RÉAPPARITION DU CHIKUNGUNYA :
le moustique préoccupe les autorités

5.

DE GRANDES FÊTES EN PERSPECTIVE POUR LE 160ᵉ ANNIVERSAIRE DE L'ABOLITION DE L'ESCLAVAGE

6.

Ouverture d'une nouvelle ligne aérienne La Réunion-Bangkok

7.

Tournage d'un film à Saint-Paul

8.

USA-ÉLECTIONS :
TOUT LE MONDE N'EST PAS PRÊT POUR LE CHANGEMENT

JEUDI 8 FÉVRIER 2007   N° 18 295 - 0,90 5   www.clicanoo

LE JOURNAL
DE L'ÎLE

SPORT

Maud rejointe par son père aux portes de l'exploit

À 15 heures 30 exactement, Maud Fontenoy franchit la ligne de départ à Saint-Paul (la Réunion).

Après ses deux autres défis réussis (la traversée en solitaire et à la rame de l'Atlantique en 2003 et du Pacifique en 2005), elle tente maintenant un nouveau périple qui va durer cinq mois : le tour du monde en solitaire et à l'envers, c'est à dire à contre-courant de la route habituelle.

Des centaines de personnes sont venues assister au départ du *L'Oréal Paris*, dont plusieurs écoles de l'île qui vont travailler sur des projets pédagogiques en rapport avec le défi de la navigatrice et avec la protection de la nature. Car Maud Fontenoy est une ardente militante de la cause environnementale.

Au moment du départ, les enfants ont agité des feuilles de cahier : « Bon courage Maud », « On est avec toi. » Ce dernier message a même été écrit à l'envers par une petite fille !

Faites rougir votre Valentine   SFR
SAINT-VALENTIN

Canicule scolai

36°

en classe

Surgine Fontain seule en prison

Pamela Sery et Hugo Fontaine sont mis en examen mais laissés en liberté

MAURICE
Une statue d Shiva de 40
Page

Phobie scolair
Le calvaire de Sébastien
Un témoignage émouvant.
Le premier de notre nouve
rendez-vous, tous les jeudi
Page 23

AUJOURD'HU
Femme Magazine

Observe les documents

1 Réponds aux questions.

a. Les documents A présentent...

1. des titres de films ?

2. des gros titres d'information ?

3. des slogans publicitaires ?

b. À ton avis, d'où sont-ils extraits ?

en parle

Tu comprends ?

2 À quels titres du document A correspondent ces illustrations ?

a.

b.

c.

d.

3 Associe chaque titre à sa rubrique.
- a. national ➤ 4
- b. international ➤ ...
- c. économie ➤ ...
- d. météo ➤ ...
- e. faits divers ➤ ...
- f. sport ➤ ...
- g. culture ➤ ...
- h. société ➤ ...

Grammaire

La formation des mots

4a Observe ces phrases. Laquelle contient un verbe actif ? un verbe passif ? un nom ?
1. L'équipage de *L'Océane* en visite sur notre île.
2. L'équipage de *L'Océane* visite notre île.
3. Notre île est visitée par l'équipage de *L'Océane*.

4b Retrouve dans le document A les mots correspondants.
1. prévoir/prévisions ➤ ...
2. réapparaître/réapparu ➤ ...
3. préoccupé(es)/préoccupation ➤ ...
4. ouvrir/ouvert(e) ➤ ...
5. tourner/tourné ➤ ...

4c Réécris les titres du document A en employant des mots de l'exercice 4b.
Ex. Prudence sur la route : de violentes pluies prévues pour demain. → On prévoit de violentes pluies pour demain. / Prévisions de violentes pluies pour demain.

5 Retrouve dans le texte des noms formés selon les procédés suivants.
- a. nom/verbe + -*age*
  Ex. équipe → équipage
  tourner ➤ ... ; esclave ➤ ...
- b. verbe + -*tion* :
  réapparaître ➤ ... ; élire ➤ ... ;
  inscrire ➤ ... ; abolir ➤ ...
- c. verbe + -*ment* : changer ➤ ...
- d. verbe + -*te* : descendre ➤ ...
- e. verbe + -*ure* : ouvrir ➤ ...

➤ Entraîne-toi page 40

Mes mots

6 Associe les éléments suivants aux différentes parties du document B.
- a. une colonne
- b. le chapeau
- c. le nom du journal
- d. la rubrique
- e. une photo
- f. un article
- g. le titre de l'article
- h. une publicité

À toi !

7 Présente l'actualité de ton pays en cinq titres.
Utilise des noms et/ou des verbes (actifs ou passifs). Compare avec la classe.

Utile...

prévision / prévu(e)(s)

ouverture / ouvert(e)(s)

préoccupation / préoccupé(e)(s)

➤ Entraîne-toi pages 40-41

Rapporter des propos

On me dit que c'est une plage superbe ! /

On m'a dit que c'était une plage superbe !

Je lui demande ce qu'elle a décidé. /
Je lui ai demandé ce qu'elle avait décidé.

Je lui demande si elle voudra faire une excursion. /

Je lui ai demandé si elle voudrait faire une excursion.

Elle me demande où je vais. /
Elle m'a demandé où j'allais.

Marc nous propose/a proposé de descendre le Maïdo.

Vous ne m'avez pas dit quelles excursions vous vouliez faire.

Réagir aux propos de quelqu'un

Arrête de te plaindre !
Tu parles !
J'hallucine !
Ne te fâche pas !

Exprimer la nostalgie

Maxime me manque !

Mots d'ailleurs

Le créole réunionnais provient de mots empruntés à différentes langues, dont certains mots déformés du français :

bonzour

orovwar   mèersi/mèrsi

                        mésyé
    syouplé
            lékol

Atelier

Le discours indirect

1 Complète la bulle de Julie.

> Emma a écrit à Maxime ?
>
> Tu as pris ton appareil photo ?
>
> Vous êtes tous prêts à partir ?
>
> Tu as vu mon jeu vidéo ?
>
> Je suis bien habillé comme ça ?

> Il me demande si...
>
> Qu'est-ce qu'il dit ?

2 Que dit et demande la mère à Maxime ?

> Pff ! Je suis fatiguée ! Qu'est-ce que tu as mangé à midi ? Tu as déjà goûté ? Fini tes devoirs tranquillement et ensuite tu m'aides à prépar[e] le dîner.

➤ Elle lui dit... / Elle lui demande...

3 **Réécris la réponse. Attention aux changements de temps.**

« J'ai une liste de questions de la part de Marc. Il *veut savoir* si on a choisi notre programme d'excursions, si on a envie de visiter le Jardin des Épices, si on sera tous levés à 6 heures demain matin, qui a déjà fait de la plongée, quel marché on voudra visiter et si on a déjà vu des éruptions volcaniques ! »

➤ Qu'est-ce que tu faisais ?

– Je parlais avec Marc. *Il voulait savoir...*

Discours direct		Discours indirect
« Où vas-**tu** ? » « Les éruptions, c'est **mon** cauchemar ! »	**Les pronoms personnels, les adjectifs possessifs... changent.**	→ Elle me demande où **je** vais. → Elle me dit que les éruptions c'est **son** cauchemar.
« Qu'est-ce qu'elle fait ? » « Elle vient aussi ? » « Aide-moi ! »	**Les constructions changent aussi.**	→ Il me demande **ce qu'**elle fait. → Il me demande **si** elle vient aussi. → Il me demande **de** l'aider.

Concordance des temps au discours indirect		
présent Il me demande où on **va**.	➤	**imparfait** Il m'a demandé où on **allait**.
passé composé Il me demande où on **est allés**.		**plus-que-parfait** Il m'a demandé où on **était allés**.
futur Il me demande où on **ira**.		**futur dans le passé (conditionnel)** Il m'a demandé où on **irait**.

La formation des mots

4a **Trouve le verbe correspondant à l'infinitif, ainsi que son participe passé.**

Ex. élection ➤ élire – élu(s) / élue(s)

1. attaque ➤ ...

2. arrêt ➤ ...

3. destruction ➤ ...

4. inauguration ➤ ...

4b **Complète les phrases avec un mot de l'exercice 4a.**

Ex. ... de miss Réunion le 28 octobre prochain

➤ *Élection de miss Réunion le 28 octobre prochain*

... le weekend dernier, d'un touriste par des requins

1.

2. **... d'un quartier entier par un incendie**

3. **... de l'activité sismique au piton de la Fournaise**

4. **... lundi prochain d'une nouvelle école à Saint-Leu**

4c **Réécris les phrases précédentes à la forme passive.**

*Ex. **Élection** de miss Réunion le 28 octobre prochain → Miss Réunion **sera élue** le 28 octobre prochain.*

5a **Recopie le tableau et complète-le.**

Infinitif	Participe passé	Nom
nettoyer	nettoyé	... -age (masc.)
développer	développé	... -ment (masc.)
interdire	interdit	... -tion (fém.)
espérer	espéré	... -ance (fém.)
signer	signé	... -ure (fém.)
découvrir	découvert	... -erte (fém.)

5b **Réécris les phrases avec des noms de l'exercice 5a.**

Ex. Il est interdit de circuler sur la route du littoral.
→ Interdiction de circuler sur la route du littoral.

a. **LES EUROPÉENS DÉCOUVRENT L'ÎLE DE LA RÉUNION EN 1500.**

b. **Le site de Takamaka sera nettoyé le mois prochain.**

c. **La Réunion signe un accord politique avec le Mozambique.**

Les oubliés de l'île

Une expédition sur les traces des « esclaves oubliés » de l'île de Tromelin

PARIS (AFP*) – Une expédition archéologique française va tenter de retrouver, au milieu de l'océan Indien, les traces des « esclaves oubliés », victimes d'une étonnante aventure sur l'île déserte
5 de Tromelin où ils ont été abandonnés pendant quinze ans au XVIIIe siècle.

Dans la nuit du 31 juillet 1761, le navire *L'Utile* se dirige vers l'île de France
10 (aujourd'hui île Maurice). À son bord, se trouvent 60 esclaves de Madagascar destinés à la vente.

La mer est belle et le navire navigue loin de toute terre, à
15 600 km de Madagascar et 535 km de l'île Bourbon (la Réunion). Mais soudain, c'est l'accident : *L'Utile* échoue sur les récifs d'une petite île corallienne, l'île
20 de Sable (aujourd'hui Tromelin).

L'exploration par les naufragés est rapide. D'une superficie de 1 km² et d'une altitude maximum de 6 m, l'îlot est prati-
25 quement nu, recouvert de sable et d'une végétation pauvre. En revanche, il est peuplé d'oiseaux de mer, de bernard-l'hermite et de tortues.

30 Une des premières activités des naufragés sera de creuser un puits pour trouver de l'eau. Ils s'alimenteront au début avec
60 morts sur l'île. les vivres tirés de l'épave*, mais
35 aussi avec les œufs des oiseaux et des tortues.

Puis les membres de l'équipage quittent l'île pour rejoindre Madagascar à bord d'une petite
40 embarcation qu'ils ont fabriquée et promettent aux esclaves de revenir les chercher. Une promesse non tenue.

Ce n'est que quinze ans plus
45 tard, le 29 novembre 1776, que les derniers survivants – sept femmes et un bébé de huit mois – sont sauvés par un bateau, *La Dauphine*, commandé par le
50 chevalier de Tromelin.

« Nous voudrions essayer de comprendre comment ces gens ont survécu, comment ils ont fait pour se nourrir, comment
55 ils se sont organisés en société » déclare Max Guérout, l'archéologue chargé des fouilles*. Pour cela, il espère retrouver, entre autres, les tombes des esclaves
60 morts sur l'île.

En arrivant sur l'île, le chevalier de Tromelin a eu la surprise de découvrir que les huit survivants étaient vêtus d'habits en plumes
65 tressées. Ces survivants lui racontent alors que deux groupes – de dix-huit et de sept personnes – ont essayé de quitter l'île sur des embarcations de fortune avec des
70 cordages et des voiles également confectionnés avec des plumes tressées.

Plus surprenant encore, sur cet îlot balayé onze mois sur
75 douze par alizés* et cyclones, et parfois submergé par les eaux : les naufragés ont maintenu pendant quinze ans un feu actif.

Les recherches terrestres et
80 sous-marines permettront peut-être de comprendre l'extraordinaire aventure des « oubliés » de Tromelin.

D'après un article de Guy Clavel.
http://fr.news.yahoo.com

* **AFP : Agence France Presse** (agence de presse qui informe en permanence des actualités sous forme de très courts articles)
* **Épave** (n. f.) : un bateau qui a échoué
* **Fouille** (n. m.) : une recherche archéologique
* **Alizé** (n. m.) : un vent tropical

de Tromelin

Avant de lire le texte

1 **Réponds aux questions.**
a. De quel type de texte s'agit-il ?
b. Qui en est l'auteur ?

2 **Quelles informations donnent le titre et le chapeau ?**
Réponds aux questions suivantes : Qui ? Quoi ? Où ? Pourquoi ? Quand ?

Maintenant, lis le texte

3 **Réponds aux questions.**
a. Où allait *L'Utile* ? Pour quoi faire ?
b. Que s'est-il passé le 31 juillet 1761 ?
c. Pourquoi l'île s'appelle-t-elle « l'île de Tromelin » ?
d. Quel est le but de l'expédition archéologique ?

4 **Retrouve dans le texte l'ancien nom de :**
a. l'île Maurice.
b. l'île de la Réunion.
c. l'île de Tromelin.

5 **Quelle photo correspond à la description de l'île de Tromelin ?**

1.

2.

6 **Qu'ont fait les naufragés pour...**
a. s'alimenter ?
b. s'habiller ?
c. se chauffer ?
d. quitter l'île ?

7 **Retrouve dans le texte les noms (avec l'article) formés à partir de ces mots :**
a. expédier ➤ une ...
b. vendre ➤ ...
c. explorer ➤ ...
d. un naufrage ➤ ...
e. une équipe ➤ ...
f. embarquer ➤ ...
g. promettre ➤ ...
h. survivre ➤ ...
i. surprendre ➤ ...
j. (re)chercher ➤ ...

Atelier d'écriture

8 **Comment éviter les constructions complexes ? Retrouve dans le texte les mots équivalents aux expressions soulignées.**
a. ... qui ont subi une étonnante aventure ➤ ...
b. 60 esclaves que l'on voulait vendre ➤ ...
c. (Une promesse) qu'ils ne tiendront pas ➤ ...
d. ... que commande le chevalier de Tromelin ➤ ...

9 **Aide un des chercheurs de l'expédition à présenter les résultats de ses fouilles : écris les légendes de ses photos grâce aux mots de la liste.**
fabriquer – creuser – découvrir – effectuer – manger – porter – tresser
*Ex. Tromelin, île **découverte** en 1776 par le chevalier de Tromelin*
a. Morceau de chaînes ... par les esclaves.
b. Animaux de l'île ... par les survivants.
c. Puits ... par les naufragés.
d. Plumes ... pour faire des vêtements.
e. Embarcation ... par l'équipage.
f. Fouilles ... au nord de l'île.

À partir de maintenant, quand tu écris un texte, fais attention à ne pas faire de répétitions et à éviter les constructions complexes.

L'île de la Réunion

Statut

L'île de la Réunion est un département, comme ceux qu'on trouve en France métropolitaine, mais situé outre-mer*.

Lave coulant jusqu'à la mer

* Les Dom (Départements d'Outre-Mer) sont au nombre de quatre : la Guadeloupe, la Martinique, la Guyane et la Réunion. Depuis 2003, ils s'appellent les Drom (Départements et Régions d'Outre-Mer).

Situation géographique et paysages

Le cirque de Salazie

Cette île volcanique se trouve dans l'océan Indien. Le volcan le piton des Neiges est le sommet le plus élevé de l'océan Indien (3 070 m). Il n'est plus en activité depuis 12 000 ans.

Les paysages sont l'une des richesses de l'île de la Réunion : on peut y admirer le piton de la Fournaise, qui lui est en activité, et aussi trois cirques : Salazie, Cilaos et Mafate.

Population

(environ 775 000 habitants)

L'autre richesse de l'île est le métissage* de sa population qui est composée de peuples venant des quatre coins de l'océan Indien : de Madagascar (les Malgaches), de l'est de l'Afrique (les Cafres), de l'est de l'Inde (les Zarabes), du sud de l'Inde (Les Malbars ou Tamouls), ainsi que de Chine, d'Europe... L'île est donc riche en traditions variées.

* Métissage : mélange de populations d'origines différentes.

Fêtes et Traditions

Abolition de l'esclavage

Il existe de nombreuses fêtes : l'une des fêtes cafres les plus importantes est celle du 20 désanmb (20 décembre) avec des concerts, des défilés, des spectacles, des danses... Ce jour férié de la « fête de la liberté » on commémore l'abolition de l'esclavage, le 20 décembre 1848, jour où 62 000 esclaves sont devenus libres !

Mais les fêtes les plus impressionnantes sont celles des Tamouls : la fête du Dipavali (Fête de la Lumière) avec des chars fleuris, Cavadee où les pénitents se passent des crochets et des broches dans la peau, ou la fête de Pandialé avec la marche sur le feu.

La fête de Cavadee

Lis les textes

1 Choisis la/les bonne(s) réponse(s).

a. L'île de la Réunion est...
1. un Dom.
2. un département français.
3. un Drom.

b. Le piton des Neiges et le piton de la Fournaise sont...
1. des volcans.
2. des volcans en activité.
3. des volcans éteints.

c. Un cirque est un paysage...
1. de montagne.
2. de plage.
3. urbain.

d. « Tamoul » désigne...
1. le nom d'une population de l'île.
2. le nom d'une langue parlée sur l'île.
3. le nom d'une fête typique.

2 Observe les mots en créole et retrouve leur équivalent en français.

a. oui ➤ ...
b. s'il vous plaît ➤ ...
c. un français de métropole ➤ ...
d. appartement ➤ ...
e. collège ➤ ...

3 Trouve dans les textes...

a. deux noms pour la fête du 20 décembre.
b. ce qu'il s'est passé le 20 décembre 1848.
c. le nom de la population dont les fêtes sont les plus spectaculaires.

4 Et toi, quelle fête de ton pays considères-tu comme la plus importante ?

Langues parlées

La langue officielle de l'île est le français, mais la population parle aussi le créole réunionnais et d'autres langues comme le tamoul, le gujarati, le chinois, le malgache, le comorien...

Quelques mots en créole

- Un z'oreille
- Bonzour
- Mèrsi
- Syouplé
- Mésyé

- Madanm
- Si
- Kaz, Lapartman
- Lékol, ti lékol, gran lékol

Projet

5 Par groupe de trois.

– Préparez une affiche pour présenter une fête mondialement connue.

– Dites où elle se déroule, ses dates, ce qu'on y commémore, qui y participe, en quoi elle consiste...

– Collez des photos, mettez des légendes et présentez votre affiche à la classe.

DELF B1 Fais le point 3

Compréhension orale

1 🔊 **Écoute et réponds aux questions.**

a. De quoi parlent les deux personnes ?

b. Qui est le mieux informé des dernières aventures de l'équipe ?

c. Qu'a fait/vu l'équipe cette semaine ?

d. Quelle excursion a été annulée ? Pourquoi ?

e. Que projettent de faire le garçon et la fille ?

f. Est-ce que l'équipe est toujours sur l'île de la Réunion ?

Expression orale

2 **Choisis un des deux sujets.**

a. Chaque jour, avec qui communiques-tu le plus dans ton entourage (mère/père, sœur/frère, copain...) ? À quel moment de la journée ? Normalement, de quoi parlez-vous ? Qu'est-ce qu'il/elle te dit ou te demande ? (Utilise le discours indirect.)

b. Parmi toutes les activités à faire sur l'île de la Réunion, proposées dans cette escale, lesquelles choisirais-tu ? Pourquoi ?

Compréhension écrite

3 **Lis le texte en bas de la page et réponds aux questions.**

a. Qui est Maud Fontenoy ?

b. Quels autres exploits a-t-elle réussis ?

c. Pourquoi cette aventure est-elle particulièrement difficile ? (deux raisons)

d. D'où part-elle ?

e. Combien de temps va durer son aventure ?

f. Qu'est-ce que le *L'Oréal Paris* ?

g. Maud Fontenoy est-elle une personne engagée ? Que défend-elle ?

h. À ton avis, pourquoi une petite fille a écrit « On est avec toi » à l'envers ?

Expression écrite

4 **Choisis un titre de l'actualité de ton pays et écris un court article. Pour cela, réponds aux questions « Qui ? Quoi ? Où ? Quand ? Pourquoi ? et/ou Comment ? ».**

À 15 heures 30 exactement, Maud Fontenoy franchit la ligne de départ à Saint-Paul (la Réunion). Après ses deux autres défis réussis (la traversée en solitaire et à la rame de l'Atlantique en 2003 et du Pacifique en 2005), elle tente maintenant un nouveau périple qui va durer cinq mois : le tour du monde en solitaire et à l'envers, c'est à dire à contre-courant de la route habituelle.

Des centaines de personnes sont venues assister au départ du *L'Oréal Paris*, dont plusieurs écoles de l'île qui vont travailler sur des projets pédagogiques en rapport avec le défi de la navigatrice et avec la protection de la nature. Car Maud Fontenoy est une ardente militante de la cause environnementale.

Au moment du départ, les enfants ont agité des feuilles de cahier : « Bon courage Maud », « On est avec toi. » Ce dernier message a même été écrit à l'envers par une petite fille !

> ✉ Message
>
> G 1 supeR nouveL :
> je vs rejoins à
> Nouméa ds 3 jrs !
> Gnial, non ? ;-))
> Max

ESCALE 4

Retrouvailles à Nouméa

Lors de cette 4ᵉ escale, apprends à :

- exposer un problème, donner un conseil — pp. 48-49
- exprimer des sentiments (la crainte, le regret, la satisfaction...) — pp. 48-49
- nuancer tes propos, exprimer un doute, une condition, un souhait — pp. 48-51

Tu vas aussi découvrir :

- différents auteurs calédoniens et leurs œuvres — pp. 54-55
- la Nouvelle-Calédonie — pp. 56-57

le 20 février

Cher journal,

L'équipe est enfin au complet ! Max est de retour parmi nous et on est tous super contents ! Marc, lui, est un peu inquiet car avec nous quatre il avait déjà assez de travail, mais Maxime lui a promis qu'il serait prudent !

Moi, je suis vraiment contente parce qu'avec Lucas on s'entend super bien... On passe de longs moments ensemble à parler, à rire... On a tellement de points communs !

À bientôt pour la suite des événements !

Julie

Copains,

Notre psychologue répond à vos questions...

1. et ce que je souhaite avant tout c'est qu'il y ait une bonne ambiance sur le bateau. Je suis très heureuse que Lucas et moi nous nous entendions aussi bien (♥ !) mais je ne veux pas qu'Étienne se sente rejeté, car c'est aussi un très bon copain. Que faire ?

2. Alors ma mère me reproche de ne pas avoir de personnalité, et je déteste qu'elle me dise ça ! Moi je crois qu'à 15 ans c'est normal que nous ayons envie de passer du temps avec notre meilleure copine, que nous employions les mêmes expressions, que nous écoutions la même musique ! Mais je me trompe peut-être ???

3. Cher Docteur, je m'appelle Clément et j'ai 15 ans. Je suis très timide et j'ai beaucoup de mal à me faire des copains. Existe-t-il une recette pour se faire des amis ? J'aimerais bien rencontrer des gens mais je ne sais pas comment...

A. *Je ne crois pas, comme ta mère, que tu sois une ado sans personnalité, mais fais attention Tania : il se peut que vous soyez les meilleures amies du monde, mais chacune doit avoir ses propres goûts, ses propres centres d'intérêt. Tu peux très bien avoir certaines choses en commun avec elle et ne pas devenir, pour autant, un clone de ta copine ! Si ta mère*

B. *J'ai bien peur qu'il n'y ait pas de recette miracle pour se faire des copains. Mais il faut que tu comprennes que certaines attitudes positives peuvent faciliter les contacts. Je doute que tu aies beaucoup d'amis si tu restes enfermé chez toi ! Il vaut mieux que tu sortes, que tu fréquentes des endroits où vont les jeunes de ton âge (club de sport, associations...). Demande dans ton quartier si*

C. *Chère Julie, tu as raison, il est possible qu'Étienne se sente rejeté ! Il vaut donc mieux que tu lui parles franchement, que tu lui expliques tes sentiments : tout doit être clair entre vous. Mais il faut aussi que tu sois prudente pour ne pas le blesser car*

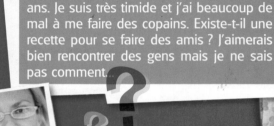

Observe les documents

1 **La psychologue d'un magazine répond à trois questions d'adolescents.**

   a. À ton avis, quel est le thème traité dans les questions ?

   b. Quels extraits ont été écrits par les adolescents ? Par la psychologue ?

Tu comprends ?

2a **Lis les textes et associe chaque question à sa réponse.**

2b **Qui évoque les problèmes suivants : Julie, Tania ou Clément ?**

   1. Selon sa mère, elle ressemble trop à sa copine.

   2. Il ne sait pas comment se faire des copains.

   3. Elle ne sait pas comment faire accepter à un garçon qu'elle est amoureuse d'un autre.

3 **Vrai ou faux ? Corrige les phrases fausses à l'aide des textes.**

   a. Tania accepte les reproches de sa mère. (texte 2)

   b. Si on reste à la maison, on peut aussi se faire des copains. (texte B)

   c. Il est préférable de parler franchement à ses copains. (texte C)

copines

Grammaire
Le subjonctif

4a Trouve dans les textes les verbes ou expressions exprimant...

Ex. une appréciation

→ *Je déteste que / C'est normal que...*

1. le souhait ➤...
2. la satisfaction ➤...
3. la volonté ➤...
4. le doute ➤...
5. la nécessité ➤...
6. la possibilité ➤...
7. la peur ➤...
8. un conseil ➤...

4b Quel mode accompagne les expressions précédentes : l'indicatif ou le subjonctif ?

Ex. Je déteste que ma mère me dise ça.

> Avec les verbes *croire que, penser que...* à la **forme négative** on emploie le **subjonctif**.
>
> **Je crois que** c'est normal.
> **Je ne crois pas que** tu sois une ado sans personnalité.

5a Observe la formation du subjonctif.

Le verbe *comprendre*		
Présent (indicatif)	Je comprends Tu comprends Il comprend	Nous comprenons Vous comprenez Ils **comprenn**ent
Imparfait (indicatif)	Je comprenais Tu comprenais Il comprenait	Nous comprenions Vous compreniez Ils comprenaient
Présent (subjonctif)	que je **comprenn**e que tu **comprenn**es qu'il **comprenn**e	que nous comprenions que vous compreniez qu'ils **comprenn**ent

5b Complète la règle.

Pour conjuguer un verbe au subjonctif présent, on prend :
- pour *je, tu, il/elle/on* et *ils/elles* ➤ le radical de ... au présent de l'indicatif et on ajoute les terminaisons ...
- pour *nous* et *vous* ➤ la forme entière de *nous* et *vous* à ...

5c Conjugue les verbes *se sentir* et *dire* au présent du subjonctif.

6 À l'aide des textes, complète les verbes *avoir* et *être* au subjonctif.

Avoir : (que) j'aie, tu ..., il/elle/on ..., nous ..., vous ayez, ils/elles aient

Être : (que) je sois, tu ..., il/elle/on soit, nous soyons, vous ..., ils/elles soient

➤ Entraîne-toi pages 52-53

Mes mots
Exprimer ses impressions

7 Fais une phrase avec chaque verbe pour exprimer tes impressions sur un copain/une copine.

Ex. Je suis contente que Marie soit ma meilleure amie.

Je crains que – Je suis content(e) que – je suis triste que – je ne suis pas sûr(e) que

À toi !

8 Écris sur un papier une question à la psychologue pour lui faire part d'un petit problème. Tire au sort le papier d'un(e) camarade et écris-lui un conseil.

Utile...

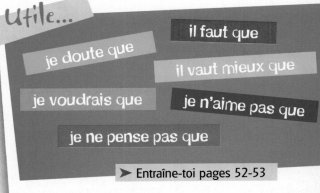

il faut que
je doute que
il vaut mieux que
je voudrais que
je n'aime pas que
je ne pense pas que

➤ Entraîne-toi pages 52-53

Coutume,

> **Tu nous laisses faire un tour dans Nouméa ?**

> **Bon, je vous laisse une heure... Rendez-vous devant la fontaine de la place des Cocotiers !**

> **Des manous ? Qu'est-ce que c'est ?**

MARC. – Bon, je vous laisse une heure pour que vous puissiez faire vos achats. Rendez-vous devant la fontaine de la place des Cocotiers ! Et j'espère que tout le monde sera à l'heure !

ÉTIENNE. – Tu nous laisses faire un tour dans Nouméa ? Tout seuls ?

MARC. – Oui, mais à condition que vous fassiez attention de ne pas vous perdre !

LUCAS. – Emma, tu veux bien m'accompagner, il faut que j'aille acheter un cadeau pour Julie !

EMMA. – Ok, mais dépêchons-nous avant qu'il y ait trop de monde dans les magasins. Tu viens Max ?

MAXIME. – Non, je préfère rester avec Marc...

MARC. – Pourvu qu'ils sachent retrouver leur chemin ! Bon... Tu viens avec moi chercher des manous ?

MAXIME. – Des manous ? Qu'est-ce que c'est ?

MARC. – Ce sont des paréos pour envelopper les cadeaux qu'on offrira aux chefs des tribus canaques que nous allons visiter demain.

MAXIME. – Ah ! C'est ce qu'on appelle « faire la coutume », non ?

MARC. – Oui, et bien que les gens soient très accueillants, il vaut mieux respecter la tradition ! Au fait, où sont Étienne et Julie ?

MAXIME. – Ils sont là-bas. On va les rejoindre ?

JULIE. – Vous en voulez ? Étienne m'a fait découvrir un plat typique : du civet de roussette. C'est délicieux !

MAXIME. – Fais voir ! Hum c'est bon ! Mais qu'est-ce que c'est la roussette ?

ÉTIENNE. – C'est un poisson de la famille du requin, je crois. C'est ça, Marc ?

MARC. – Heu..., pas ici ! La roussette... c'est... heu... c'est de la chauve-souris !

JULIE. – Étienne !... Je vais te...

ÉTIENNE. – Oups ! Mais que tu le veuilles ou non, c'est délicieux ! C'est toi qui l'as dit !

JULIE. – Maxime, tu veux finir ???

Observe les documents

1 **Réponds aux questions.**
   a. Où sont les cinq amis ?
   b. Vont-ils rester ensemble ?
   c. Que vont-ils faire ?

2 **Observe les photos. À ton avis, qu'est-ce que la roussette ?**

1

2   3

4

Tu comprends ?

3 🔊 **Écoute et choisis la réponse correcte.**
   a. Les cinq amis vont : *visiter la ville / faire des achats*.
   b. Lucas va acheter : *un cadeau / à manger* pour Julie.
   c. « Faire la coutume » veut dire : *goûter à un plat typique / offrir un cadeau à un chef de tribu*.
   d. La roussette correspond à la photo *1 / 2 / 3 / 4*.

Grammaire

Le subjonctif présent – verbes irréguliers

4 **Retrouve dans le dialogue ces verbes irréguliers au subjonctif.**
   Ex. vouloir → que tu le veuilles ou non
   a. pouvoir ➤ ...
   b. faire ➤ ...
   c. aller ➤ ...
   d. avoir ➤ ...
   e. savoir ➤ ...
   f. être ➤ ...

coutumes !

ORAL

ESCALE 4

Ce sont des paréos pour envelopper les cadeaux.

Mais qu'est-ce que c'est la roussette ?

C'est un poisson de la famille du requin, je crois. C'est ça Marc ?

La place des Cocotiers à Nouméa

Il existe très peu de **verbes irréguliers au subjonctif** : les plus courants sont : *avoir, être, faire, savoir, vouloir, pouvoir, falloir, aller...*

Les connecteurs logiques

5a Associe ces expressions à ce qu'elles expriment.

1. pour que...
2. à condition que...
3. avant que...
4. pourvu que...
5. bien que...

a. l'antériorité
b. un souhait
c. une condition
d. la concession*
e. le but

---

*La **concession** exprime un résultat inattendu par rapport à une situation donnée.

Bien que nous soyons en été, il ne fait pas très chaud.

(= on est en été : il devrait faire chaud, mais il ne fait pas chaud)

5b À quel temps et quel mode sont ces expressions en français ?
Et dans ta langue ?

➤ Entraîne-toi page 53

Mes mots

6 Retrouve les mots suivants dans le dialogue.

Le nom de/d'...

a. un habitant originaire de l'île
b. la capitale de la Nouvelle-Calédonie
c. un arbre qui a donné son nom a une place
d. un plat composé de viande en sauce
e. une tradition consistant à offrir un cadeau aux chefs de tribu
f. un mammifère volant
g. un paréo calédonien

À toi !

7 À deux. Tu visites une ville avec un(e) ami(e) mais vous ne voulez pas faire les mêmes choses. Vous discutez pour essayer de vous mettre d'accord.

Utile...

bien que   à condition que   pour que   avant que   pourvu que

➤ Entraîne-toi pages 52-53

Atelier

Exprimer un souhait
Je souhaite que...
Pourvu que...

Exprimer une volonté
Je veux que... / je ne veux pas que...

Exprimer des sentiments, des appréciations
Je suis heureux/heureuse que...
Je suis content(e) que...
Je déteste que...
Je suis triste que...
C'est normal que...

Exprimer le doute, la possibilité
Je doute que...
Je ne suis pas sûr(e) que...
Je ne crois pas que...
J'ai bien peur que...
Je crains que...
Il se peut que...
Il est possible que...

Exprimer un avis, un conseil
Il vaut mieux que...

Exprimer la nécessité
Il faut que...

Exprimer le but
Pour que...

Exprimer une condition
À condition que...

Exprimer l'antériorité
Avant que...

Exprimer une concession
Bien que...

Le subjonctif présent
Les emplois du subjonctif

1 **Classe les phrases dans le tableau.**
   a. *Je souhaite qu'elle devienne mon amie.*
   b. Il faut que tu rencontres des gens.
   c. J'ai peur qu'il se fâche avec moi.
   d. Ma mère voudrait que je sois différente.
   e. Je doute qu'il te comprenne.
   f. Il est possible qu'il change d'attitude.

L'expression de sentiments (satisfaction / tristesse / peur...)	...
La nécessité	...
Le doute	...
La possibilité	...
Le souhait / La volonté	*a*, ...

La formation du subjonctif – Verbes réguliers

2 **Complète les phrases avec les verbes de ton choix.**
   a. Il faut que je/j'... à mes copines.
   b. Nous sommes contents que vous ... avec nous.
   c. Je doute qu'il ... la bonne décision.
   d. On voudrait que tu ... ce que tu as commencé.
   e. J'ai peur qu'ils ne ... pas toute la vérité.

Pour **conjuguer un verbe au subjonctif présent**, on prend :
– pour *je, tu, il* et *ils* → le radical de ***ils*** au présent de l'indicatif et on ajoute les terminaisons **e**, **es**, **e**, **ent**
– pour *nous* et *vous* → la forme entière de nous et vous à l'imparfait de l'indicatif.

La formation du subjonctif – Verbes irréguliers

3 **Complète la phrase à l'aide des informations.**

Je suis heureuse que vous ... (a), que Maxime et Étienne ... (b), que Lucas ... (c), que nous ... (d).

   a. Nous avons adoré Nouméa.
   b. Maxime et Étienne sont de bons copains !
   c. Lucas a de très bonnes relations avec Étienne.
   d. Nous sommes tous de très bons membres d'équipage !

langue

Avoir	(que) j'aie, tu aies, il/elle/on ait, nous ayons, vous ayez, ils/elles aient
Être	(que) je sois, tu sois, il/elle/on soit, nous soyons, vous soyez, ils/elles soient

4 Transforme les phrases comme dans l'exemple.

Ex. Nous devons être patients.
→ ***Il faut** que nous soyons patients.*

a. Tu dois te faire des amis. ➤ ...

b. Vous devez être positifs. ➤ ...

c. Ils doivent pouvoir se mettre d'accord. ➤ ...

d. Je dois savoir ce qu'il pense de moi. ➤ ...

e. On doit aller ensemble à ce club. ➤ ...

Faire	que je fasse	que nous fassions
Pouvoir	que je puisse	que nous puissions
Savoir	que je sache	que nous sachions
Vouloir	que je veuille	que nous voulions
Aller	que j'aille	que nous allions

Indicatif ou subjonctif ?

5 Complète avec les verbes indiqués au présent de l'indicatif ou du subjonctif.

a. Je trouve que ce n'... (être) pas normal.
Je ne trouve pas que ce ... (être) normal.

b. Je pense qu'il ... (dire) la vérité. Je ne pense pas qu'il ... (dire) la vérité.

> Avec les **verbes d'opinion** *(croire que, penser que, trouver que, considérer que, être sûr(e) que...)* on emploie :
> – le **subjonctif** avec la forme négative
> – et l'**indicatif** avec la forme affirmative.

Les connecteurs logiques

6a Qu'expriment les mots soulignés : la condition, le but, la concession, l'antériorité ou le souhait ?

1. Rentrons vite <u>avant qu'</u>il fasse nuit.

2. Ils sont souvent fâchés <u>bien qu'</u>ils soient copains.

3. Vous pouvez faire un tour <u>à condition qu'</u>on se retrouve ici dans une heure.

4. <u>Pourvu qu'</u>il ne pleuve pas !

5. Je t'accompagne <u>pour que</u> tu ne te perdes pas.

6b Complète le mél avec une des expressions de l'exercice 6a.

De : **omaximom@youpi.fr**
À : **famillebardel@youpi.fr**
Objet : **Nouvelles de Nouméa**

Chers Papa et Maman,
Je vous écris un petit mot ...
vous ne vous inquiétiez pas :
je suis en pleine forme !
Je trouve que la Nouvelle-Calédonie est un pays fantastique
... on en ait vu seulement une petite partie. Demain nous partons en excursion à l'île des Pins. ... il fasse beau. ... le reste du voyage soit aussi intéressant !
Bon je vous laisse ... Marc se fâche car tout le monde m'attend pour préparer l'excursion de demain.
Bises,
Maxime

> Avec **bien que, pour que, avant que, à condition que, pourvu que...**
> on emploie le subjonctif.
>
> *Bien que Julie **dise** que la roussette c'est dégoûtant, elle trouve ça délicieux !*

Zoom sur les livres

A. Cinq adolescents calédoniens (les Falous) acceptent de conduire une jument aveugle entre Bouloupari et La Foa.

À travers leur voyage, parsemé d'obstacles et d'espoirs, ils nous entraînent à la découverte de l'histoire et des paysages calédoniens.

1

2

C. Le voyage de Clara est le parcours initiatique* imaginaire d'une petite fille canaque. À travers l'écran de l'ordinateur, elle part à la recherche des connaissances de son ancêtre.

B. Entre fiction et réalité, ce premier album de Papou nous entraîne sur le chemin de l'aventure avec Kiki et Jean-Marie.

Ce vendredi-là, ils décident de faire l'école buissonnière, mais leur route va croiser celle d'un étrange personnage… D'où sort-il ? Et pourquoi disparaît-il comme par enchantement ?

E. Ce récit nous fait revivre la longue route de Bernard Moitessier, ce navigateur parti en solitaire pour affronter les mers des latitudes australes. Il nous entraîne dans son sillage* et nous montre que les rêves sont faits pour être vécus.

4

5

3

D. La forêt calédonienne est habitée par les notous, les tourterelles vertes, les roussettes, les anguilles, et hantée* par les diables. Le guerrier canaque Poindi, le meilleur chasseur de la tribu, respectueux des coutumes, dialogue avec des animaux au regard d'homme qui l'entraînent dans un monde enchanté.

6

F. Tom, un jeune Canaque victime de difficultés familiales et sociale, vit une histoire troublante : guidé par l'esprit de ses ancêtres, il tente de trouver le chemin du bonheur.

* **Initiatique :** qui permet de révéler des connaissances.
* **Sillage** (n. m.) : trace d'écume laissée par une embarcation à la surface de l'eau.
* **Hanté(e) :** habité(e) par des monstres, des fantômes…

D'après http://www.pacific-bookin.com/boutique/

Avant de lire les textes

1 Observe les couvertures. À ton avis, quels genres de livres sont ici représentés ?

un roman d'aventures – un roman d'amour – un roman de science-fiction – un recueil de contes – un recueil de poèmes – un album de bande dessinée

2 Quelle couverture contient...

a. un symbole informatique ?

b. un synonyme du mot *chemin* ?

c. le visage d'un enfant effrayé ?

d. un jour de la semaine ?

e. un paysage de brousse ?

f. le dessin d'un bateau ?

3 Imagine quelle histoire vont raconter ces livres. Puis compare avec la classe.

k@o.nc c'est l'histoire de...

Maintenant, lis les textes

4 Associe les couvertures aux résumés. Quels éléments t'ont aidé(e) ?

5a Associe les équivalents.

1. une jument	a. plus loin que
2. aveugle	b. un chemin, un voyage
3. entraîner	c. qui ne voit pas
4. un parcours	d. essayer
5. au-delà de	e. emmener
6. tenter	f. la femelle du cheval

5b Trouve dans les textes l'équivalent des expressions suivantes :

a. ne pas aller à l'école ➤ faire ...

b. comme par magie ➤ comme par ...

6 Observe le tableau suivant et retrouve les informations dans les textes.

Ex. Texte A : présentation des personnages principaux ➤ cinq adolescents (les Falous)

	A	B	C	D	E	F
Textes						
1. la présentation du/des personnage(s) principal/aux	✓	✓	✓	✓	✓	✓
2. le lieu de l'histoire	✓			✓	✓	

	A	B	C	D	E	F
3. le fil conducteur	✓	✓	✓	✓	✓	✓
4. un moment crucial de l'histoire (où la situation de départ change)		✓				
5. un aperçu du dénouement					✓	
6. une question ouverte concernant la fin de l'histoire				✓		
7. une référence à l'auteur du livre				✓		
8. le type de livres		✓			✓	

7a Parmi ces livres, lequel aimerais-tu lire ? Pourquoi ?

7b Quel est le dernier livre que tu as lu ? Est-ce qu'il t'a plu ? Pourquoi ?

7c Quel est ton livre préféré ?

Atelier d'écriture

8 Seul(e) ou en petit groupe, faites votre rubrique « Zoom sur les livres ».

Préparation

- Choisissez un livre que vous avez lu.
- Préparez votre résumé : choisissez les éléments qui vont y apparaître. (voir tableau de l'activité 6)

Rédaction

- Rédigez votre résumé, puis votre critique... Donnez votre opinion et justifiez-vous.
  Nous avons aimé... / Nous n'avons pas aimé... parce que...
- Créez une couverture pour le livre.

Diffusez vos productions

- Présentez-les au reste de la classe, faites une exposition pour le collège, publiez-les sur la page web de votre collège, etc.

ASIE

FRANCE

Océan
Pacifique

AFRIQUE

Nouvelle-
Calédonie

AUSTRALIE

*Un
Canaque*

La population

(230 000 habitants)

La Nouvelle-Calédonie est un archipel pluriethnique d'Océanie qui regroupe des Mélanésiens (les Canaques), des descendants d'Européens venus à la fin du XVIIIe siècle, souvent métissés (les Calédoniens ou Caldoches), des Européens immigrés à partir de 1950 (nommés Métros ou, familièrement, Zoreilles)...

La Nouvelle-Calédonie

Grande-Terre

Appelée familièrement « le Caillou », la plus grande des îles de l'archipel (500 km de long et 50 km de large) est constituée d'une chaîne de montagnes qui la divise en deux : la côte Est et la côte Ouest.

La côte Est est tropicale : on y trouve des plages de sable blanc, des cocotiers, des bananiers, des palmiers... Les tribus canaques y cultivent des ignames, du manioc, du café...

La côte Ouest est plus sèche avec ses paysages de brousse et de savane. C'est une terre d'élevage avec de nombreux troupeaux.

*Troupeaux
sur la côte Ouest.*

Une faune très riche

La Nouvelle-Calédonie se distingue par une biodiversité très riche et très originale : on y trouve le plus grand nombre d'espèces endémiques* au monde.

Elle est habitée par de nombreux oiseaux, dont l'emblème* du territoire, le cagou. C'est une espèce protégée qui ne vole pas, qui pond seulement un œuf par an et qui aboie comme un chien. On y trouve aussi des reptiles (les geckos) et des mammifères (les roussettes).

En février et en mars on peut y admirer les dugongs (ou vaches marines), et les tortues qui viennent pondre sur les plages.

D'avril à juin, les plongeurs peuvent approcher les femelles des requins dagsit qui commencent leur époque de reproduction. Et tout cela au milieu des raies mantas.

De juillet à septembre, les baleines à bosse viennent, à la saison des amours, jusque dans les baies du lagon et à Lifou.

* Endémique : qui est exclusif/ive d'une région
* Emblème : symbole

Un cagou

Un dugong

Lis les textes

1 **Parmi ces huit affirmations, quatre sont fausses. Corrige-les à l'aide des textes.**

a. La plus grande des îles de Nouvelle-Calédonie s'appelle Grande-Terre.

b. Les Canaques sont les premiers habitants de l'île.

c. Les requins dagsit sont des animaux très dangereux.

d. Les ignames sont cultivées par les Canaques.

e. Grande-Terre est appelée le Caillou.

f. Les pins colonnaires sont des arbustes.

g. L'emblème de l'île est la baleine.

h. Un dugong est une espèce de tortue.

À toi !

2 **Sur quelle partie de l'île aimerais-tu aller ? Quels animaux aimerais-tu voir ? Pourquoi ?**

3 **Y a-t-il un animal emblème de ton pays ? Lequel ?**

Entourée par une barrière de corail de 1 600 km de long, la Nouvelle-Calédonie a aussi le plus vaste lagon au monde.

Une de ses îles, l'île des Pins (*Kunié* en mélanésien), est qualifiée par certains comme la plus belle île au monde. De 18 km de long et 14 km de large, son lagon abrite de nombreuses espèces. Les pins colonnaires donnent un aspect unique à son paysage.

L'Île des Pins

Un pin colonnaire

Projet

4 **À trois, faites un reportage sur la faune et la flore de votre pays.**

– Préparez votre plan.

Parlez des différentes espèces selon les régions, les climats, les saisons, les parcs naturels, leur situation (espèce endémique, espèce protégée, espèce en voie de disparition, espèce disparue).

– Préparez vos illustrations : photos, dessins, vidéos...

– Rédigez vos textes et présentez votre reportage à la classe.

Fais le point 4

DELF B1

Compréhension orale

1 🔊 **Écoute et complète le résumé avec les mots du dialogue.**

Les ... sont des paréos que l'on offre aux chefs des ... que l'on visite. À l'intérieur, on peut mettre du tabac, des ..., des ..., etc. C'est ce qu'on appelle « faire la ... » : c'est une tradition qui consiste à offrir un cadeau au chef pour lui demander de nous laisser entrer sur le ... de sa tribu. Il y a aussi d'autres traditions à respecter quand on visite une tribu canaque : demander la ... avant de prendre des ... et dire ... à chaque fois que l'on rencontre une personne : même si on la croise plusieurs fois dans la même journée !

Expression orale

2 **Choisis un des deux sujets.**

a. Quels conseils donnerais-tu à une fille ou à un garçon de ton âge qui a du mal à se faire des copains ?

b. Explique à un étranger les traditions de ton pays. Que faut-il faire ou ne pas faire ?

Compréhension écrite

3 **Lis l'article des « Nouvelles Calédoniennes » et réponds aux questions.**

a. Que signifie le sigle APMNC ?

b. À qui et pourquoi cette association a-t-elle donné un chèque ?

c. Combien d'élèves participent à ce projet ? Pourquoi le font-ils ?

d. Pour quelle raison les jeunes participent aux « Tambours pour la Paix » ?

e. Selon le texte, deux événements vont se dérouler au mois de novembre en Nouvelle-Calédonie : lesquels ?

Expression écrite

4 **Écris la lettre que Maxime envoie à ses parents pour leur raconter en détail ce qu'il a fait en Nouvelle-Calédonie : anecdotes, lieux visités, coutumes, paysages, faune et flore de l'île, impressions...**

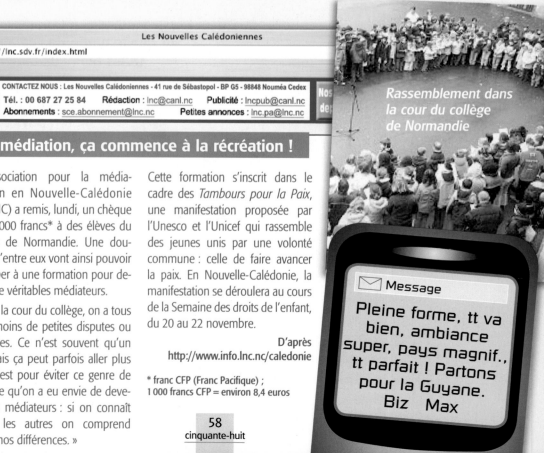

Rassemblement dans la cour du collège de Normandie

Les Nouvelles Calédoniennes

http://lnc.sdv.fr/index.html

Favoris ▼

LES NOUVELLES CALÉDONIENNES

CONTACTEZ NOUS : Les Nouvelles Calédoniennes - 41 rue de Sébastopol - BP G5 - 98848 Nouméa Cedex
Tél. : 00 687 27 25 84   Rédaction : lnc@canl.nc   Publicité : lncpub@canl.nc
Abonnements : sce.abonnement@lnc.nc   Petites annonces : lnc.pa@lnc.nc

Vendredi 5 janvier 2007

ACTUALITE
A la Une

Nouvelle- Calédonie
Nouméa
Grand Nouméa
Les Provinces
Sports
Pacifique

Actu internationale
Sport international

DOSSIERS
Terre de Nickel

NOS SUPPLEMENTS
Week-end

SERVICES
Abonnement
au journal

La météo du jour

NRJ en ligne

Découvrez la Calédonie

Contactez-nous

convertisseur CFP - Euro

La médiation, ça commence à la récréation !

L'Association pour la médiation en Nouvelle-Calédonie (APMNC) a remis, lundi, un chèque de 80 000 francs* à des élèves du collège de Normandie. Une douzaine d'entre eux vont ainsi pouvoir participer à une formation pour devenir de véritables médiateurs.

« Dans la cour du collège, on a tous été témoins de petites disputes ou d'insultes. Ce n'est souvent qu'un jeu, mais ça peut parfois aller plus loin. C'est pour éviter ce genre de violence qu'on a eu envie de devenir des médiateurs : si on connaît mieux les autres on comprend mieux nos différences. »

Cette formation s'inscrit dans le cadre des *Tambours pour la Paix*, une manifestation proposée par l'Unesco et l'Unicef qui rassemble des jeunes unis par une volonté commune : celle de faire avancer la paix. En Nouvelle-Calédonie, la manifestation se déroulera au cours de la Semaine des droits de l'enfant, du 20 au 22 novembre.

D'après
http://www.info.lnc.nc/caledonie

* franc CFP (Franc Pacifique) ;
1 000 francs CFP = environ 8,4 euros

✉ Message

Pleine forme, tt va bien, ambiance super, pays magnif., tt parfait ! Partons pour la Guyane.
Biz   Max

Sensations fortes en Guyane

Lors de cette 5e escale, apprends à :

- exprimer un regret, un reproche, une hypothèse — pp. 60-61
- rassurer quelqu'un — pp. 60-61
- décrire une personne à l'aide d'adjectifs — pp. 62-63
- réfléchir sur la formation des mots, les contraires — pp. 62-63

Tu vas aussi découvrir :

- un extrait de *Papillon* d'Henri Charrière — pp. 66-67
- la Guyane — pp. 68-69

Supprimer   Indésirable   Répond...   p. à tous   Ré...édie...   Impri...

De : lucas@voilou.fr
À : rolandbarges@vuetfaire.fr
Objet : Nouveau continent en vue !

Chers papa et maman,
Nous nous rapprochons de notre prochaine destination: la Guyane! Certains l'appellent l'Eldorado et d'autres l'Enfer Vert! Nous sommes impatients de juger par nous-mêmes! Mais avant la Guyane, nous allons faire une petite halte et descendre de bateau car nous sommes sur le point de traverser le canal de Panama: on va enfin toucher la terre ferme pendant quelques heures! À bientôt, en Guyane.
Bises, Lucas

En pirogue sur

MAXIME. – Qu'est-ce que tu lis, Lucas ?

LUCAS. – *Papillon*, le livre d'Henri Charrière. C'était un prisonnier qui vers 1930 a tenté plusieurs fois de s'évader. Et comme Marc nous a dit qu'aujourd'hui on irait visiter un bagne, je m'informe !

JULIE. – La mangrove, c'est bien joli, mais moi, j'aurais préféré aller à Cayenne ou...

ÉTIENNE. – Moi, si je pouvais, je passerais les trois semaines de notre séjour en Guyane sur la base spatiale de Kourou ! J'aimerais bien voir la fusée Ariane, visiter les salles d'ordinateurs, les...

MARC. – Ne vous inquiétez pas, c'est prévu.

JULIE. – Vous croyez qu'il y a des piranhas dans cette rivière ?

MARC. – Mais n'aie pas peur : selon les habitants de la région, on peut se baigner dans le Maroni sans aucun danger !

MAXIME. – Eh bien moi, Julie, si j'étais toi, je n'essaierais pas !

JULIE. – Ne t'en fais pas : il n'y a pas de risque !

EMMA. – Regardez, il y a d'autres pirogues ici !

MARC. – Oui, on m'a dit qu'on trouverait des journalistes qui font un documentaire sur le bagne de Saint-Laurent-du-Maroni.

EMMA. – Super ! J'aimerais bien voir un tournage de... Oh, Maxime, tu devrais enlever la... la chose qu'Étienne a là dans le dos !

ÉTIENNE. – Une chose ? Tu pourrais préciser ?

MARC. – On dirait une matoutou ! Mais pas de souci, c'est complètement inoffensif !

ÉTIENNE. – Une quoi ?

LUCAS. – Moi je dirais que c'est une grosse araignée avec des pattes toutes velues !

ÉTIENNE. – Comme il est drôle ! Vous pourriez m'enlever la matoutou, s'il vous plaît, pour que je voie ce que c'est ? Ahhhhhh ! Julie, tu aurais pu me prévenir !

Qu'est-ce que tu lis ?

« Papillon » le livre d'Henri Charrière. Et comme Marc nous a dit qu'aujourd'hui on irait visiter un bagne...

Selon les habitants de la région, on peut se baigner dans le Maroni sans aucun danger !

Observe les documents

1 Réponds aux questions.
  a. Où se trouve l'équipe ?
  b. Que vont-il visiter ?
  c. À ton avis, qu'est-ce qu'Étienne a dans le dos ?

Tu comprends ?

2 Pourquoi...
  a. Lucas lit-il le livre *Papillon* ?
  b. Julie n'aime pas beaucoup cette visite ?
  c. Étienne veut-il aller à Kourou ?
  d. y a t-il d'autres pirogues ?
  e. Étienne se fâche-t-il avec Julie ?

3 Lis le dialogue et relève trois autres expressions pour rassurer quelqu'un.
  Ex. Pas de souci.

Grammaire

Le conditionnel présent et passé

4 Réponds aux questions.
  a. Tu connais déjà certaines valeurs du conditionnel :
    ➤ Faire une demande polie
    ➤ Exprimer un désir, un souhait
    ➤ Donner un conseil

  Cherche dans le dialogue des phrases pour chacune de ces trois valeurs.

le Maroni

Vous pourriez m'enlever la matoutou, s'il vous plaît, pour que je voie ce que c'est ?

6 **Trouve les phrases équivalentes dans le dialogue. Qu'exprime ici le conditionnel ?**

a. Marc nous dit qu'on ira visiter un bagne. ➤ ...

b. On me dit qu'on trouvera des journalistes. ➤ ...

➤ Entraîne-toi pages 64-65

Mes mots

7 **Trouve dans le dialogue les mots correspondants aux photos.**

a. ...

b. ....

c. ...

d. ...

Rappelle-toi !

Pour former le **conditionnel présent** : on prend le radical du verbe au futur et on ajoute les terminaisons de l'imparfait : -ais, -ais, -ait, -ions, -iez, -aient.

b. Le conditionnel sert aussi à exprimer une hypothèse peu probable ou irréalisable.

Ex. Si j'étais toi (hypothèse irréalisable), *je n'essayerais pas.*

Trouve dans le dialogue la phrase correspondante :

Si je peux, *je passerai les trois semaines à Kourou.* (hypothèse réalisable)

➤ Si ... (hypothèse irréalisable) ...

5a **Découvre le conditionnel passé. Associe les phrases à leur valeur.**

1. J'aurais préféré aller à Cayenne !

2. Tu aurais pu me prévenir !

a. un reproche

b. un regret

5b **Complète la règle.**

La formation du conditionnel passé
Le conditionnel passé se construit avec l'auxiliaire *être* ou *avoir* au ... + le participe passé. *Ex. J'aurais préféré*

À toi !

8 Le jour suivant, Marc propose de faire un tour à Cayenne, mais l'équipe insiste pour visiter la base spatiale de Kourou. Que disent-ils ?

Lucas lui rappelle sa promesse : « Tu nous avais dit que... »

Étienne exprime un reproche, Emma un souhait, Maxime une hypothèse irréalisable, Julie fait une suggestion, Marc exprime son regret.

Utile...

J'aurais préféré...

On pourrait...

Si on allait à Kourou, on...

Tu aurais pu...

➤ Entraîne-toi pages 64-65

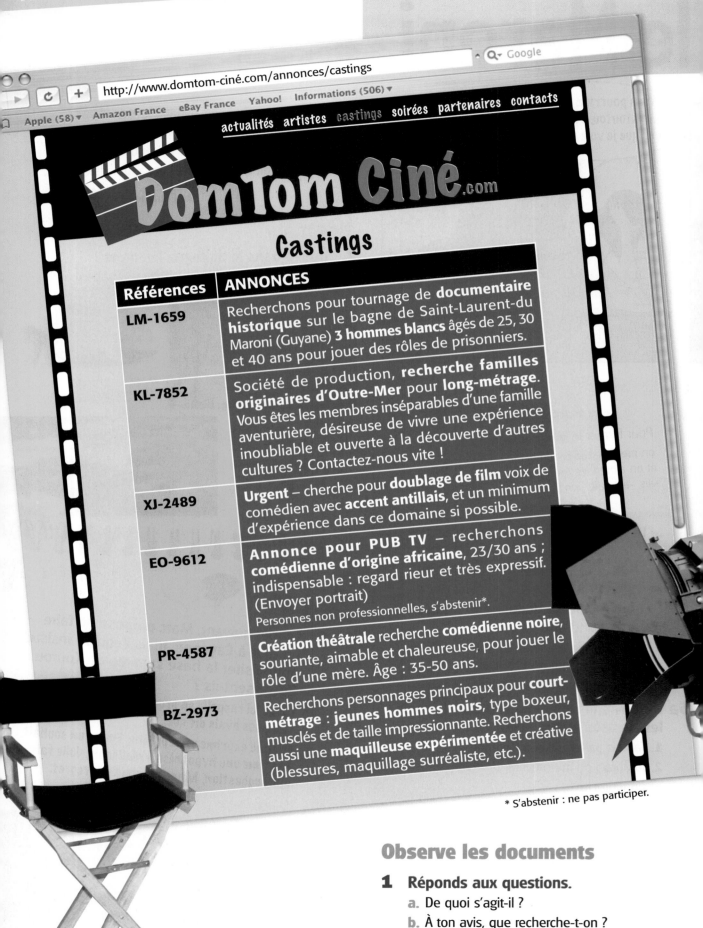

http://www.domtom-ciné.com/annonces/castings

Apple (58) ▼   Amazon France   eBay France   Yahoo!   Informations (506) ▼

actualités   artistes   castings   soirées   partenaires   contacts

DomTom Ciné.com

Castings

Références	ANNONCES
LM-1659	Recherchons pour tournage de **documentaire historique** sur le bagne de Saint-Laurent-du-Maroni (Guyane) **3 hommes blancs** âgés de 25, 30 et 40 ans pour jouer des rôles de prisonniers.
KL-7852	Société de production, **recherche familles originaires d'Outre-Mer** pour **long-métrage**. Vous êtes les membres inséparables d'une famille aventurière, désireuse de vivre une expérience inoubliable et ouverte à la découverte d'autres cultures ? Contactez-nous vite !
XJ-2489	**Urgent** – cherche pour **doublage de film** voix de comédien avec **accent antillais**, et un minimum d'expérience dans ce domaine si possible.
EO-9612	**Annonce pour PUB TV** – recherchons **comédienne d'origine africaine**, 23/30 ans ; indispensable : regard rieur et très expressif. (Envoyer portrait) Personnes non professionnelles, s'abstenir*.
PR-4587	**Création théâtrale** recherche **comédienne noire**, souriante, aimable et chaleureuse, pour jouer le rôle d'une mère. Âge : 35-50 ans.
BZ-2973	Recherchons personnages principaux pour **court-métrage** : **jeunes hommes noirs**, type boxeur, musclés et de taille impressionnante. Recherchons aussi une **maquilleuse expérimentée** et créative (blessures, maquillage surréaliste, etc.).

* S'abstenir : ne pas participer.

Observe les documents

1 Réponds aux questions.

   a. De quoi s'agit-il ?

   b. À ton avis, que recherche-t-on ?

Castings

ÉCRIT

Tu comprends ?

2 **À quel casting vont se présenter les personnes suivantes ?**

au documentaire – au long-métrage – au doublage de film – à la pub télé – à la pièce de théâtre – au court-métrage

a. une Sénégalaise avec un beau regard ?

b. un habitant de Cayenne de 30 ans ?

c. une famille de Nouvelle-Calédonie ?

d. une Guyanaise de 35 ans ?

e. un Réunionnais très grand et très fort ?

f. un Français qui imite tous les accents ?

Grammaire

La formation des adjectifs

3a **Retrouve les adjectifs formés à partir...**

1. de noms.

-aire	origine ➤ ...	-el(le)	profession ➤ ...
-ais(e)	Antilles ➤ ...	-eux/euse	chaleur ➤ ...
-al(e) – aux/ales	théâtre ➤ ... principe ➤ ...	-ier/ière	aventure ➤ ...
-é(e)	âge ➤ ... muscle ➤ ... expérience ➤ ...	-if/ive	expression ➤ ... création ➤ ...
		-ique	histoire ➤ ...

2. de verbes.

-able	aimer ➤...	-eur/euse	rire ➤ ...
-ant(e)	sourire ➤ ... impressionner ➤ ...	-eux/euse	désirer ➤ ...
-ert(e)	ouvrir ➤ ...	-ible	pouvoir ➤ ...

➤ Entraîne-toi page 65

3b Vérifie à l'aide des textes.

La formation des contraires

4 **Réponds aux questions.**

a. Retrouve dans les textes les adjectifs signifiant :

– qu'on ne peut pas séparer ➤ ...

– qu'on ne peut pas oublier ➤ ...

– dont on ne peut pas se dispenser ➤ ...

b. Comment sont-ils formés ?

c. Retrouve le contraire des adjectifs suivants et le préfixe utilisé.

Ex : anormal = préfixe « a- » + normal

~~anormal~~ – impossible – inconnu – illogique – irréel – détendu – désavantagé – malheureux – mécontent

d. Trouve d'autres adjectifs formés à partir de ces préfixes.

Ex. « a- » : atypique, aphone...

➤ Entraîne-toi page 65

Mes mots

Les métiers du cinéma

5a **Associe les étapes de la réalisation d'un film aux professionnels.**

Étapes : l'écriture du scénario, le casting, le tournage, le doublage

Professionnels : un comédien, un figurant, un maquilleur, un caméraman, un scénariste, un metteur en scène, un doubleur

5b **À ton avis, quelles qualités doivent avoir ces professionnels ?**

Ex. Pour être comédien, il faut être souriant, patient, ...

À toi !

6 **Tu vois cette annonce de casting et tu décides d'y répondre.**

« *Recherchons ado 15-17 ans pour tournage.* »

Décris-toi, dis quels rôles tu es capable d'interpréter et pourquoi tu veux participer.

Utile...

15 ans	jouer un rôle...
souriant(e)	sérieux/euse	ouvert(e) à...
expressif/ive	vivre une expérience

➤ Entraîne-toi pages 64-65

Atelier

Exprimer un regret
Moi, j'aurais préféré aller à Cayenne.

Exprimer un reproche
Tu aurais pu me prévenir !

Rassurer quelqu'un
Ne vous inquiétez pas !
N'aie pas peur !
Ne t'en fais pas : il n'y a pas de risque !
Pas de souci !

Donner un conseil
Tu devrais enlever la chose qu'Étienne a dans le dos !

Exprimer un souhait
J'aimerais bien voir la fusée Ariane.

Faire une demande polie
Tu pourrais préciser ?
Vous pourriez m'enlever la matoutou ?

Exprimer un avis
On dirait une matoutou !
Moi je dirais que c'est une araignée !

Exprimer un souhait, une hypothèse irréalisable
Si je pouvais, je passerais trois semaines à Kourou.
Si j'étais toi, je n'essaierais pas !

Rapporter des propos
Marc nous a dit qu'on irait visiter un bagne.
On m'a dit qu'on trouverait des journalistes.

Le conditionnel

1 Exprime une hypothèse irréalisable en transformant les phrases comme dans l'exemple.

Ex. Moi, si j'ai une araignée dans le dos, je m'évanouis !

→ *Moi, si j'avais une araignée dans le dos, je m'évanouirais !*

a. Si tout le monde est d'accord, nous irons visiter un autre bagne !
b. On pourra mettre notre blog à jour, si on a plus de temps libre.
c. Si Marc me le permet, je partirai tout seul faire une excursion en pleine forêt.
d. Étienne sera déçu s'il ne peut pas visiter la base spatiale !

Rappelle-toi !
La construction **si + imparfait + conditionnel** exprime une hypothèse peu probable ou irréalisable.

Pour former le conditionnel : on prend le radical du verbe au futur et on ajoute les terminaisons *-ais, -ais, -ait, -ions, -iez, -aient.*

2 Écoute et associe les phrases aux dessins. Dis s'il s'agit du conditionnel présent ou passé.

Ex. a. → *phrase 3 : conditionnel passé*

b. ...

c. ...
d. ...

langue

GRAMMAIRE

Rappelle-toi !

Le **conditionnel passé** se construit avec l'auxiliaire *être* ou *avoir* au conditionnel + le participe passé.

3 À ton avis, que disent-ils ? Utilise un conditionnel présent ou passé.

1. Lucas n'a pas de nouvelles de ses parents depuis dix jours.
   ➤ « Ils ... »
2. Au moment de prendre une photo, Julie se rend compte qu'elle n'a plus de piles !
   ➤ « Je/J' ... »
3. Étienne n'est pas content de visiter le bagne.
   ➤ « J' ... »

La formation des adjectifs

4 Retrouve à partir de quels mots sont formés les adjectifs suivants.

Ex. incroyable ➤ croire

– À partir de noms : *ancestral, arbitraire, argenté, attentif, magique, montagneux, pétrolier, superficiel.*

– À partir de verbes : *amusant, coûteux, explosif, disponible, travailleur.*

5 Noé et Léo sont jumeaux mais très différents. Complète les adjectifs de leur description à l'aide des mots proposés.

Noé, c'est un rêv... *(rêver)* ! C'est une personne très aim... *(aimer)* et ouv... *(ouvrir)*. Il est toujours souri... *(sourire)*.

Léo, lui, est une personne antipath... *(antipathie)* et autorit... *(autorité)* ; il est très colér... *(colère)* et parfois agress...*(agression)* et brut... *(brute)*.

Formation des adjectifs à partir de...	
noms	-aire, -ais(e), -ale(e), -é(e), -el(le), -eux/euse, -ier/ière, -if/ive, -ique
verbes	-able, -ant(e), -ert(e), -eur/euse, -eux/euse, -ible

La formation des contraires

6 Quels adjectifs ont un préfixe négatif ? Pour t'aider associe-les à leur définition.

malade – irrésistible – intéressant – désespérant – incapable – improbable – illégal – important – illustre – désert – malchanceux – méconnaissable – médical – ironique

a. qui n'a pas de chance ➤ ...
b. qui n'est pas légal ➤ ...
c. qui n'est pas capable ➤ ...
d. qui fait perdre espoir ➤ ...
e. qu'on ne peut pas reconnaître ➤ ...
f. qui n'est pas probable ➤ ...
g. auquel on ne peut pas résister ➤ ...

7a Trouve le contraire des mots suivants. (Utilise une seule fois chaque préfixe.)

im-, in-, il-, ir-, dé-, dés-, mal-

1. responsable
2. connu
3. agréable
4. parfait
5. légal
6. peuplé
7. honnête

7b Complète les phrases avec un adjectif de l'exercice précédent.

1. Ça a été une expérience horrible, vraiment ... !
2. Le vendeur ne nous a pas rendu la monnaie correcte ! C'est vraiment ... !
3. Jeter des déchets dans la nature, c'est vraiment une attitude ... !
4. Cet auteur est très intéressant mais il est malheureusement ... du grand public !

Suffixes servant à former des contraires d'adjectifs
a- ; im- ; in- ; il- ; ir- ; dé- ; dés- ; dis- ; mal- ; mé-...

Mots d'ailleurs

La langue française comporte des mots d'origine amérindienne que tu connais peut-être :

une pirogue — un jaguar — le cacao — un ananas — un puma — le tabac — la savane — un barbecue — une tomate

Tentative d'évasion

HENRI CHARRIÈRE

1906-1973

dit Papillon, à cause d'un tatouage qu'il portait sur le torse.

Né à Lanas, en Ardèche
Mort à Madrid, en Espagne

Auteur de deux récits autobiographiques :
• *Papillon* (1969)
• *Banco* (1972)

La couverture du livre Papillon

*L'affiche du film, inspiré de son récit.
Avec, comme acteurs principaux :
Steve McQueen (Papillon)
et Dustin Hoffman.*

* **À perpétuité :** *jusqu'à sa mort.*
* **À temps :** *expression personnelle de l'auteur, équivalente ici à « pour un temps » contraire de « à vie »*
* **Astreindre :** *obliger, forcer quelqu'un à faire quelque chose.*
* **Cellule** *(n. f.) : petite pièce où on enferme un prisonnier.*
* **Cachot** *(n. m.) : une cellule.*
* **Remâcher :** *répéter*

Présentation

Le 26 octobre 1931, Henri Charrière, surnommé Papillon, est condamné aux travaux forcés à perpétuité* pour un meurtre qu'il n'a pas commis. Suite à plusieurs tentatives, il réussit enfin à s'échapper après quatorze années de détention.
Dans cet extrait, Papillon se trouve sur le bateau qui l'emmène de l'île de Ré (métropole) au bagne de Saint-Laurent-du-Maroni (Guyane). Julot, un de ses amis qui s'est déjà échappé du bagne mais qui a été repris, lui explique ce qu'il va se passer à leur arrivée.

Extrait

Pendant ces dix-huit jours de voyage, nous avons le temps de nous renseigner. […] Par exemple, nous savons que Saint-Laurent-du-Maroni est un village à cent vingt kilomètres de la mer sur un fleuve qui s'appelle Maroni. Julot nous explique :

5 « C'est dans ce village que se trouve le pénitencier, le centre du bagne. Dans ce centre s'effectue le triage par catégorie. Les bagnards sont immédiatement classés en trois catégories :

– Les très dangereux, qui seront appelés dans l'heure
10 même de l'arrivée et mis dans des cellules […] en attendant leur transfert aux îles du Salut. Ils y sont internés à temps* ou à vie. Ces îles sont à cinq cents kilomètres de Saint-Laurent et à cent kilomètres de Cayenne. […]

– Puis les dangereux de deuxième catégorie : ils resteront
15 sur le camp de Saint-Laurent et seront astreints* à des travaux de jardinage et à la culture de la terre. […]

– Puis la catégorie normale : ils sont employés à l'administration, aux cuisines, au nettoyage du village et du camp ou à différents travaux : atelier, menuiserie, peinture, forge,
20 électricité […].

Donc l'heure H, c'est celle de l'arrivée : si on est appelé et conduit en cellule*, c'est qu'on est interné aux îles, ce qui enlève tout espoir de s'évader. Une seule chance : vite se blesser […], pour aller à l'hôpital et, de là, s'évader. »
25 […]

Tous ces renseignements précieux, Julot nous les a remâchés* tout le long du voyage. Lui, il est prêt. Il sait qu'il va directement au cachot* comme retour d'évasion. Aussi, il a un tout petit couteau […]. À l'arrivée, il va le sortir et s'ouvrir
30 le genou. En descendant du bateau il tombera de l'échelle devant tout le monde. Il pense qu'il sera transporté directement à l'hôpital. C'est d'ailleurs exactement ce qui se passera.

D'après ***Papillon***, Henri Charrière, pp. 56-57, éd. Robert Laffont, 1969.

Avant de lire le texte

1 **Observe les documents et réponds aux questions.**

    a. À ton avis, pourquoi Henri Charrière est-il mondialement connu ?

    b. À ton avis, pourquoi son livre s'appelle-t-il *Papillon* ?

2 **Lis l'introduction de l'extrait et réponds aux questions.**

    a. Où a lieu l'action de cet extrait ?

    b. D'où sont partis les prisonniers ? Où vont-ils ?

    c. Pourquoi Julot sait ce qu'il va se passer à leur arrivée ?

Maintenant, lis le texte

3 **Retrouve sur la carte de la page 69 le nom des lieux cités dans le texte.**

4 **Comment sont classés les prisonniers à leur arrivée ? Associe chaque type de prisonnier à sa catégorie :**

Prisonnier...

    a. envoyé aux îles du Salut ➤...

    b. employé aux cuisines ➤...

    c. interné à vie ➤...

    d. employé au jardin ➤...

    e. envoyé directement en cellule ➤ ...

5 **Réponds aux questions.**

    a. Pourquoi l'heure d'arrivée est-elle importante pour Papillon ?

    b. Que se passe-t-il si on est directement interné dans une cellule ?

    c. Quel est le seul endroit d'où on peut s'évader ?

    d. Pourquoi Julot a-t-il un couteau ?

6 **Retrouve dans le texte les noms formés sur les mots suivants.**

    a. trier ➤ le ...

    b. bagne ➤ un ...

    c. transférer ➤ un ...

    d. le jardin ➤ le ...

    e. nettoyer ➤ le ...

    f. peindre ➤ la ...

    g. espérer ➤ l' ...

    h. se renseigner ➤ un ...

    i. s'évader ➤ une ...

Atelier d'écriture

Préparation

7a **Observe les répétitions en gras. Puis, sans regarder la page 66, essaie de remplacer les mots soulignés pour éviter de faire des répétitions.**

    1. Ils attendent leur transfert **aux îles du Salut**. Ils sont internés **aux îles du Salut** à temps ou à vie.
        ➤ Ils ... sont internés à temps ou à vie.

    2. Donc **l'heure H**, c'est **l'heure** de l'arrivée.
        ➤ Donc l'heure H, c'est ... de l'arrivée.

    3. Une seule chance : vite se blesser pour aller à **l'hôpital** et, de **l'hôpital**, s'évader.
        ➤ [...] pour aller à l'hôpital et, de ..., s'évader.

    4. Aussi, il a un tout **petit couteau**. À l'arrivée, il va sortir **le petit couteau**.
        ➤ À l'arrivée, il va ... sortir.

7b **Ensuite, compare avec la page 66.**

Rédaction

8 **Rédige la suite.**

    Le bateau arrive à Saint-Laurent. Les prisonniers sont en rang, prêts à monter sur l'échelle qui les conduira sur le pont. Julot se prépare... :
    « Personne ne parle. Julot a son couteau ouvert... »

    Relis ton texte et, comme dans l'exercice 7, essaie d'éviter les répétitions.

Présentation

9 **Présente ton récit à la classe et compare-le avec celui de tes camarades.**

La Guyane

La Guyane devient un département français en 1946.
C'est le plus grand département de la France :
il représente 1/5e de la Métropole.

Les ressources économiques

La principale activité économique en Guyane et le premier secteur d'exportation est l'activité spatiale*. 12 000 personnes y sont employées (1 600 sur le site et plus de 10 000 dans des sociétés extérieures). Cette activité représente 24 % des emplois en Guyane.

* Les fusées Ariane (lanceur civil européen de satellites) sont lancées du CSG (Centre spatial guyanais).

Le deuxième secteur d'exportation est l'or. La Guyane est le premier producteur français avec plus

L'exploitation de la forêt, la sylviculture, représente également un secteur important grâce à ses grandes extensions.

Le tourisme est aussi une activité prospère. 70 000 visiteurs (tourisme d'affaires) viennent chaque année au Centre spatial guyanais. Un des attraits touristiques de la Guyane est aussi son carnaval, une tradition vieille de cent ans, qui s'étale chaque année sur deux mois (depuis l'Épiphanie jusqu'au mercredi des Cendres).

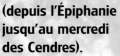

de trois tonnes d'or produites par an. Malheureusement cette activité a un impact très néfaste sur l'environnement : destruction de la forêt, pollution des rivières...

La troisième activité d'exportation est la pêche (surtout celle de la crevette).

Situation géographique

Océan atlantique

Saint-Laurent du Maroni

Apatou

Sinnamary

Kourou

Cayenne

Cacao

Regina

Ouanary

Saint-Georges

Cormontibo

Patience

Saül

Clément

Bienvenue

BRÉSIL

SURINAM

BRÉSIL

Avant de lire les textes

1 Observe la carte. Quelles sont les frontières de la Guyane ?

2 Observe les photos et réponds aux questions. À ton avis...
  a. Pourquoi la Guyane est-elle connue dans le monde ?
  b. Quelles sont ses principales ressources ?
  c. Que peut-on faire ou voir en Guyane ?

Maintenant, lis les textes

3 Réponds aux questions.
  a. Combien de personnes travaillent sur le site du CSG ?
  b. Que pêche-t-on principalement en Guyane ?
  c. Quel est l'endroit le plus visité ?
  d. Depuis combien de temps fête-t-on le carnaval ? Combien de temps dure-t-il ?

4 Et dans ton pays ?
D'après toi qu'est-ce qui attire les touristes dans ton pays ?

La population

La population guyanaise se distingue par sa pluralité ethnique et culturelle. Plus de quarante origines coexistent :
– les créoles guyanais (environ 40 % de la population)
– les métropolitains (12 %)
– les amérindiens (5 %)
– les businenge (6 %), aussi appelés Noirs-Marrons, sont des descendants d'esclaves rebelles africains.

Projet

5 À trois, préparez une affiche sur les ressources économiques de votre pays.
  – Cherchez des informations sur les trois secteurs : primaire, secondaire et tertiaire.
  – Illustrez votre affiche : accompagnez vos informations de photos, de statistiques, de graphiques donnant des proportions...

Fais le point 5

DELF B1

Compréhension orale

Une tortue Luth

1 💿 **Lis les questions et écoute le dialogue.**

a. Réponds aux questions.
1. Qui est Fanny ?
2. Que faisait Lucas juste avant l'appel ?
3. Qu'a-t-il fait le jour d'avant ?

b. Vrai ou faux ?
1. Les tortues luth sont des animaux qui vivent sur la terre.
2. Elles mesurent jusqu'à 1,50 mètres.
3. Elles peuvent peser 500 kilos.
4. Elle pondent environ 100 œufs.
5. Lucas va rapporter un œuf à sa sœur.

Expression orale

2 Choisis un des deux sujets.

a. Ton/ta meilleur(e) ami(e) a eu de très mauvais résultats scolaires ce trimestre. Explique-lui tout ce qu'il/elle aurait dû faire et ne pas faire pour avoir de meilleurs résultats.

b. Décris ton garçon/ta fille idéal(e) : quelles qualités doit il/elle avoir ? Quels défauts ne doit-il/elle pas avoir ?

Compréhension écrite

3 Lis le texte sur l'origine des langues créoles et réponds aux questions. Justifie tes réponses à l'aide du texte.

a. Quand sont apparus les créoles ?
b. Qui les a créés et pourquoi ? (deux raisons)
c. Pourquoi les esclaves ont-ils modifié le sens et la prononciation des mots (de la langue des colons) ?
d. Que retrouve-t-on de la langue maternelle dans les créoles : le lexique ou la grammaire ?
e. Est-ce qu'un Français qui ne connaît pas le créole a des problèmes pour le comprendre ?

L'origine des langues créoles

Les créoles, langues nées d'un mélange de langues différentes, sont parlés aujourd'hui dans de nombreux endroits du globe. Ils ont été créés au XVIIᵉ siècle par les esclaves des plantations. Ceux-ci, qui provenaient de différentes régions et ethnies d'Afrique, se sont trouvés dans l'impossibilité de communiquer entre eux. De plus, les propriétaires des plantations leur interdisaient de parler dans leur langue maternelle afin d'éviter tout type de rébellion. Les esclaves ont donc tenté de s'approprier la langue des colons (l'anglais, le français, le néerlandais…) qu'ils connaissaient assez mal. Pour ce faire, ils ont adopté les mots de vocabulaire, leur ont apporté des modifications de sens et de prononciation, et ont conservé en même temps la base grammaticale de  leurs différentes langues d'origine. Les créoles sont ainsi apparus et sont devenus des langues à part entière qui se sont transmises de génération en génération. Il est donc difficile, pour un Français non entraîné, de comprendre un créole à base de français.

Expression écrite

4 Vous avez été éliminés du concours Francovision auquel vous participiez.

Écris un mél à tes amis pour leur faire part de ta déception. Imagine ce que vous auriez pu faire et voir dans tous les pays visités.

✉ Message

Salut Fanny ! Partons pour Québec. Regarde le blog (photos tortues). Biz Lucas

Dernière escale au Québec

ESCALE 6

Pour passer la 6ᵉ escale, apprends à :

- écrire une lettre d'excuses — pp. 72-73
- exprimer l'antériorité, la simultanéité, la postériorité et le but — pp. 72-73
- utiliser des expressions avec *avoir* — pp. 74-75
- reconnaître des expressions québécoises — pp. 74-75

Tu vas aussi découvrir :

- une chanson de Lynda Lemay — pp. 78-79
- le Québec — pp. 80-81

Supprimer   Indésirable   Répondre   Rép. à tous   Réexpédier   Imprimer

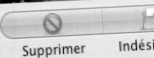

De : océane@francovision.fr
À : organisation@francovision.fr
Objet : **La fin d'un rêve !**

Chers organisateurs,
Cela fait plus de huit mois que nous vivons une magnifique aventure qui nous marquera pour le reste de notre vie, mais elle touche malheureusement à sa fin ! Eh oui, nous sommes sur le point de rentrer dans les eaux du Saint-Laurent.
Nous tenons tout d'abord à vous remercier pour l'organisation impeccable de ce voyage, ainsi que Marc pour sa patience, ses conseils et son amitié.
Nous sommes contents de revoir nos familles et nos amis mais un peu tristes que cette expérience inoubliable se termine déjà.
Merci encore à tous les organisateurs.

L'équipe de *L'Océane.*

Toutes nos

Marc Fontenay
Organisation Francovision
78, rue Baudelaire
75012 Paris

Madame la Directrice
du musée Pointe-à-Callière
350, place Royale
Vieux-Montréal (Québec)

Montréal, le 15 mars 2007

Objet : Dédommagement suite à un incident

Madame la Directrice,

Je suis l'accompagnateur d'un groupe d'adolescents effectuant depuis quelques mois un tour du monde des pays francophones en bateau (organisation Francovision), et je m'adresse à vous dans le but de vous présenter toutes nos excuses.

En effet, lors de notre visite dans votre musée il y a deux jours, un des membres de l'équipe a cassé une poterie qui se trouvait dans la salle de l'Atelier d'archéologie. J'ai dû m'absenter quelques minutes et l'incident s'est produit juste après que je suis sorti de la salle.

Nous regrettons sincèrement cette maladresse et, bien que le gardien nous ait dit que l'objet n'avait pas de valeur historique, nous tenons à vous faire part de nos excuses. De plus, avant de quitter votre pays, l'équipe a décidé d'offrir un petit cadeau (que vous trouverez ci-joint) à la personne qui a créé la poterie, afin de la dédommager.

Je vous prie d'accepter, Madame la directrice, mes sincères salutations, ainsi que celles des membres de l'équipe.

Musée Pointe-à-Callière, Montréal

Marc Fontenay,
Accompagnateur de l'équipe de L'Océane

Marc Fontenay

Observe les documents

1 Réponds aux questions.

a. Qui écrit ? À qui ? Comment le sais-tu ?

b. À ton avis, pourquoi écrit-il ? Quel est l'objet de la lettre ?

excuses...

ÉCRIT

Tu comprends ?

2 💿 **Lis la lettre. Vrai ou faux ?**

Dans sa lettre Marc dit...

- **a.** que l'équipe a visité le musée le 15 mai 2007.
- **b.** qu'il a vu comment l'incident s'était produit.
- **c.** qui a cassé la poterie.
- **d.** qu'il sait que l'incident n'est pas grave.
- **e.** que l'équipe offre une poterie au musée pour le dédommager.
- **f.** que le cadeau est envoyé avec la lettre.

Grammaire

L'expression de l'antériorité, de la simultanéité et de la postériorité

3a Trouve des expressions équivalentes dans la lettre.

1. Quand nous avons visité votre musée
   ➤ ... notre visite dans votre musée
2. Nous avons visité votre musée avant-hier
   ➤ ... deux jours
3. L'incident s'est produit quelques minutes après mon départ de la salle
   ➤ ... je suis sorti de la salle
4. Avant notre départ
   ➤ ... quitter votre pays

3b Observe. Quel est le mode employé avec ces deux expressions ?

L'incident s'est produit...

après que je *suis* sorti. ➤ ...

avant que je *revienne* ➤ ...

3c Complète les constructions avec les mots des étiquettes.

nom

infinitif

verbe au subjonctif

verbe à l'indicatif

l'antériorité	la simultanéité	la postériorité
il y a + ... avant + ... avant de + ... avant que + ...	lors de + ...	après + ... après que + ...

➤ Entraîne-toi page 76

L'expression du but

4 **Trouve les phrases équivalentes dans le texte.**

- **a.** Je m'adresse à vous *pour vous présenter mes excuses.*
- **b.** Et *pour dédommager* la personne qui a créé la poterie, l'équipe a décidé de lui offrir un cadeau.

➤ Entraîne-toi page 77

Mes mots

S'excuser

5 **Retrouve les lettres manquantes de ces mots servant à s'excuser.**

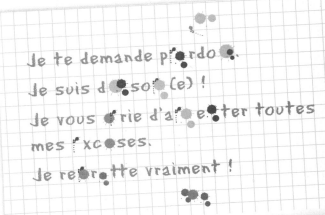

Je te demande p●rdo●.
Je suis d●sol●(e) !
Je vous ●rie d'a●●e●ter toutes mes ●xc●ses.
Je re●re●tte vraiment !

À toi !

6 Lors d'une fête chez un(e) ami(e), tu as cassé un objet appartenant à ses parents. Tu leur écris une lettre pour t'excuser. Utilise les mots de l'activité 5.

Utile...

Je compte vous dédommager

Je ne l'ai pas fait exprès

Cet incident est regrettable

Je suis confus(e)

➤ Entraîne-toi pages 76-77

J'ai eu chaud !

> C'est incroyable !
> C'est une ville souterraine,
> sous Montréal !

> Ça ne va pas, Marc ?
> Tu as l'air fatigué !

JULIE. – C'est incroyable ! C'est une ville souterraine, sous Montréal !

MARC. – Oui, avec trente kilomètres de galeries.

LUCAS. – Ça ne va pas, Marc ? Tu as l'air fatigué !

MARC. – Oui, j'ai un peu mal à la tête !

EMMA. – Tu n'as pas envie de te reposer, ou de prendre un médicament ?

MARC. – Vous avez raison, j'aurais besoin d'un peu d'eau... Je vais entrer dans cette cafétéria. Et surtout, ne bougez pas d'ici !

MAXIME. – Oui, ne t'en fais pas : tu n'as aucune inquiétude à avoir.

JULIE. – C'est vraiment bien ici : en hiver, on est à l'abri du froid !

MAXIME. – Oh, c'est écœurant ! Hein, Étienne ?

ÉTIENNE. – Oui, c'est le fun, mais astheure j'ai mon voyage !

JULIE. – Qu'est-ce qu'ils disent ?

LUCAS. – Que c'est fun, que c'est super...

JULIE. – Tu as de la chance de comprendre l'accent québécois, parce que moi je...

MAXIME. – Oh regardez, ce magasin : il y a des raquettes de trappeurs. On va voir ? (...) Vous vous imaginez marcher avec ces raquettes dans la neige... ? Pas facile !

EMMA. – Maxime, arrête ! Tu vas...

JULIE. – Moi, je m'en vais : j'ai trop honte d'être là ! Oups, voilà Marc et la vendeuse !

MARC. – Décidément ! Au musée et maintenant ici ! J'ai eu tort de vous laisser seuls ! Et qu'est-ce que vous avez l'intention de faire maintenant ?

MAXIME. – Eh bien... on n'a qu'à recoller les morceaux !

MARC. – J'ai bien peur que ce soit impossible !

LA VENDEUSE. – Ne vous inquiétez pas, cette raquette était en exposition parce qu'elle était déjà cassée. Il n'y a aucun problème.

MAXIME. – Ouf ! J'ai eu chaud !

Observe les documents

1 Réponds aux questions.
   a. Où est l'équipe ?
   b. Qu'arrive-t-il à Marc ?

2 À ton avis...
   a. est-ce qu'Emma et Julie comprennent ce que disent Maxime et Étienne ? Pourquoi ?
   b. que fait Maxime ?

Tu comprends ?

3 🔊 Écoute et choisis la/les proposition(s) correcte(s).
   a. La galerie souterraine mesure...
      1. 30 km.   **2.** 40 km.
   b. Marc va aller...
      1. chercher de l'eau.
      2. prendre un médicament.
   c. Marc leur dit...
      1. d'aller faire un tour dans la galerie.
      2. de rester au même endroit.
   d. Les trappeurs utilisaient les raquettes pour...
      1. jouer au tennis.
      2. marcher dans la neige.
   e. Maxime casse...
      1. une raquette.   **2.** un objet en bois.
   f. Quand Marc revient, il n'est pas très...
      1. inquiet.   **2.** content.

4 Finalement, est-ce que l'incident est grave ? Pourquoi ?

> Vous vous imaginez marcher avec ces raquettes... ?

> Oh c'est écœurant ! Hein, Étienne ?

> Oui, c'est le fun, mais astheure j'ai mon voyage !!

> Maxime, arrête ! Tu vas...

5 **Lis le dialogue et associe les expressions de France et du Québec.**

a. C'est super ! ➤ ...
b. C'est génial ! ➤ ...
c. J'en ai marre. ➤ ...
d. Maintenant. ➤ ...

1. C'est écœurant !
2. Astheure.
3. C'est le fun !
4. J'ai mon voyage.

Grammaire

Les expressions avec *avoir*

6a **Complète les phrases à l'aide du dialogue, puis retrouve la construction de ces expressions.**

Ex. Marc a l'air fatigué parce qu'il a mal à la tête.
→ avoir l'air (+ adjectif) / avoir mal à (+ article défini + nom)

1. Emma lui demande s'il a ... de se reposer. ➤ ...
2. Pour prendre son médicament, Marc a ... d'un peu d'eau. ➤ ...
3. Julie pense que Lucas a ... de comprendre l'accent québécois. ➤ ...
4. Julie veut s'en aller parce qu'elle a ... d'être là. ➤ ...
5. Marc est fâché et demande à Maxime ce qu'il a ... de faire. ➤ ...

6b **Cherche dans le texte :**

1. le contraire de « J'ai eu **raison**... » ➤ ...
2. une expression équivalente à :
   – « **Je crains** que ce soit impossible ! » ➤ ... (+ *subjonctif*)
   – « J'ai eu **de la chance** ! » ➤ ... (*langage familier*)

O R A L

6c **Trouve, parmi les phrases suivantes, l'expression équivalente à *n'avoir qu'à* (+ infinitif).**

On n'a qu'à recoller les morceaux.

1. La solution c'est de recoller les morceaux.
2. On ne pourra pas recoller les morceaux !
3. On veut recoller les morceaux.

> ➤ Entraîne-toi page 77

Mes mots

Le français du Québec

7 **Associe les expressions et mots équivalents.**

Ex. c'est cher ➤ c'est dispendieux

– **Expressions de France :** c'est cher – il est gentil – il est méchant – un petit ami – une petite amie – un bisou – avoir mal à la tête – une voiture – une moto

– **Expressions du Québec :** un bec – avoir le mal de bloc – c'est dispendieux – une blonde – un bicycle à gazoline – il est malin – un char – il est fin – un chum (prononcé « tchom »)

À toi !

8 À deux, jouez des mini-dialogues.
Un(e) ami(e) t'expose un problème. Réagis et donne-lui un conseil en utilisant une expression avec *avoir*.

Utile...

J'ai bien peur que... !

Tu as de la chance !

Tu n'as qu'à... !

Tu as raison/tort !

Nous avons besoin de...

Tu as l'air... !

Tu n'as pas envie de... ?

> ➤ Entraîne-toi pages 76-77

Exprimer l'antériorité

Il y a deux jours, trois semaines...
Avant notre départ...
Avant de partir...
Avant que je revienne...

Exprimer la simultanéité

Quand nous avons visité le musée...
Lors de notre visite....

Exprimer la postériorité

Après mon départ....
Après que je suis sorti(e) de la salle...
Après être parti(e)...

Exprimer le but

Je vous écris dans le but de / pour /
afin de vous présenter mes excuses.
Je m'adresse à vous pour que /
afin que vous m'excusiez.

Présenter ses excuses

Je suis désolé(e).
Je te/vous demande pardon.
Je regrette vraiment. Cet incident est regrettable.
Je vous écris pour vous présenter mes excuses.
Nous regrettons sincèrement cette maladresse.
Nous tenons à vous faire part de nos excuses.
Je vous prie d'accepter, Madame
la directrice, toutes nos excuses.

Expressions avec avoir

Tu as l'air fatigué !
J'ai envie de dormir !
J'ai besoin d'un peu de repos.
Elle a raison ou elle a tort ?
J'ai eu honte !
Qu'est-ce que tu as l'intention de faire ?
Il a toujours de la chance !
Tu n'as qu'à étudier un peu plus !
J'ai bien peur que ce soit inutile !
Ouf ! J'ai eu chaud ! *(familier)*

L'expression de l'antériorité, la simultanéité et la postériorité

1 Complète le tableau.

Avant de	Avant/Après/ Lors de	Avant que	Après que
Ex. partir	*mon départ*	*je parte*	*je suis parti(e)*
a. visiter le musée	notre ...	nous ...	nous ...
b. ...	la fin du repas	on ...	on ...
c. ...	ton ...	tu ...	tu as voyagé

Après + infinitif passé

Infinitif passé = auxiliaire *avoir/être* + participe passé
Nous partirons après <u>avoir fait</u> nos bagages.

2 Associe les phrases.

Maxime a cassé la poterie...

a. lors   **1.** la fin de la visite.
b. après que   **2.** Marc est parti.
c. avant que   **3.** de la visite du musée.
d. avant de   **4.** Marc revienne.
e. avant   **5.** sortir de cette salle.

3 Complète le mél avec les expressions suivantes.

avant – après que/qu' – avant de – lors de – avant que/qu'

De : omaximom@youpi.fr
À : famillebardel@youpi.fr
Objet : Mésaventure !

Chers parents,
Hier j'ai eu un petit problème ... notre visite dans un musée de Montréal ! Je faisais le clown et, ... Emma ait le temps de m'avertir, une des poteries exposées était par terre, en mille morceaux ! Mais ... partir, Marc a demandé l'adresse du musée et il a écrit une lettre d'excuses.
... on est sortis du musée, on s'est promenés dans le vieux Montréal. C'était superbe !
Je vous réécrirai ... notre arrivée à Québec.
À bientôt,
Bises, Maxime

Rappelle-toi !

lors de + nom
avant/après + nom
avant de + verbe (infinitif)
après + verbe (infinitif passé)
après que + verbe (indicatif)
avant que + verbe (subjonctif)

L'expression du but

4 **Complète cette phrase avec trois expressions de but différentes.**

➤ Je t'écris cette lettre ... te présenter mes excuses.

5a **Rappelle-toi. Quel mode emploie-t-on après _pour que_ ?**

Je t'écris _pour que_ tu **saches** ce qui s'est passé.

5b **Réécris la phrase précédente avec _afin que_.**

6 **Complète avec une expression de but. (Plusieurs possibilités.)**

a. Le musée a fait une affiche ... les visiteurs soient informés des dates de la nouvelle exposition.

b. L'Atelier d'architecture a ouvert une salle ... d'exposer les poteries faites par les enfants.

c. Marc est allé à la poste ... envoyer la lettre et le cadeau.

Rappelle-toi !

afin de / **dans le but de** / **pour** + infinitif
pour que / **afin que** + subjonctif

Les expressions avec _avoir_

7 **Que dis-tu dans ces situations ?**

« J'ai... ! »

8 **Complète avec les mots suivants.**

intention − honte − chance − chaud − raison

a. Je ne crois pas que tu aies ... .

b. Il a de la ... : il a gagné au loto !

c. Moi, j'ai l'... de faire des études d'archéologie, plus tard.

d. Ouf, 10 sur 20 en maths ! J'ai eu ... : je ne croyais pas avoir la moyenne !

e. Tu as ... ? Tu n'oses pas venir ?

9 **Trouve des expressions synonymes avec _avoir_.**

Ex. Tu veux boire quelque chose ?
→ **Tu as envie** de boire quelque chose ?

a. La seule solution c'est de travailler un peu plus ! ➤ Tu ...

b. Elle semble triste ! ➤ Elle ...

c. Tu n'as pas raison ➤ Tu ...

d. Je crains que ce ne soit pas faisable ! ➤ J' ...

e. Il nous faut de l'aide ! ➤ On ...

Avoir peur

– J'ai peur de l'orage.
= être effrayé(e)

– J'ai peur que ce soit impossible !
= craindre quelque chose

Avoir chaud

– On a eu chaud cette semaine.
= à cause de la température

– On a eu chaud : un peu plus et c'était l'accident !
= avoir eu peur, avoir eu de la chance
(registre familier)

Mes chemins

LYNDA LEMAY

née en 1966

Mariée ; deux filles (Jessie et Ruby)

Nationalité : Québéquoise

Profession
Auteur-Compositeur-Interprète

Discographie
Nos rêves – 1er album (1990)
En tout, plus de 10 albums
et plus de 150 chansons

Mes chemins à l'envers

Après avoir [...] (1)
Et fait un tour du monde complet
Après avoir fouillé
Le cœur de tous les hommes [...] (2)
Après avoir traîné mes semelles
Sur les montagnes les plus [...] (3)
C'est ici que je reviendrai

Refrain :

Je reviendrai au [...] (4)
D'un fleuve que j'adore
Je déposerai mes yeux
Sur son grand ventre [...] (5)
Ici les arbres ont des humeurs
Y changent de tête et de [...] (6)
C'est ici qu'le gazon sent mon enfance
Que les merles font les plus grands [...] (7)
Oui c'est ici que tout commence
et que tout finit
Que tout finit

Après m'être grisée
De poésies les plus vibrantes
Après avoir goûté
Les épices les plus [...] (8)
Et compris toutes les [...] (9)
Des langues les plus sensuelles
C'est ici que je reviendrai

Refrain

Après avoir crevé
Tous les mystères, toutes les [...] (10)
Je referai mes chemins a l'envers

Refrain (bis)

Extrait de l'album, **Un paradis quelque part,**
« Mes chemins à l'envers » de Lynda Lemay, 2005.

à l'envers

Avant d'écouter la chanson

1 Parmi les professions de Lynda Lemay, retrouve celle qui désigne : une personne qui...
- **a.** chante une chanson.
- **b.** écrit les paroles de la chanson.
- **c.** écrit la musique.

2 Observe le titre. Que signifie pour toi *faire un chemin à l'envers* ?

Maintenant, écoute la chanson

3 Remets les mots suivants à la bonne place dans la chanson. Aide-toi des sonorités.

belles – bleu – bord – couleur – dentelles – frontières – nids – secrets – violentes – volé

4 Associe ces photos aux mots suivants de la chanson.
- **a.** du gazon
- **b.** un nid
- **c.** un merle
- **d.** une semelle
- **e.** de la dentelle

1

2

3

4

5

5 Associe les expressions suivantes à leur définition.
- **a.** fouiller
- **b.** traîner ses semelles (familier)
- **c.** avoir des humeurs
- **d.** crever un mystère
- **1.** aller d'un endroit à l'autre
- **2.** découvrir, deviner
- **3.** chercher minutieusement dans quelque chose
- **4.** avoir l'esprit changeant

6 Réponds aux questions.
- **a.** À ton avis, dans la phrase *C'est ici que je reviendrai*, quel endroit désigne « ici » ?
- **b.** De quel « fleuve » s'agit-il dans la chanson ?
- **c.** Les éléments de la nature (le fleuve, les arbres) sont ici personnifiés : on leur donne des caractéristiques humaines. Lesquelles ?
- **d.** Pourquoi dit-elle que les arbres changent de tête et de couleur ?

- **e.** Repère le mot « dentelles » dans la chanson. Pour toi qu'évoque-t-il ?
  → Une chose... délicate/grossière ? compliquée/simple ? fine/épaisse ? laide/belle ?...
- **f.** Quel sens donnes-tu à la phrase : *C'est ici que tout commence et que tout finit* ?

Atelier d'écriture

7 Par groupes de trois, écrivez un poème ou une chanson sur un endroit de votre pays en conservant la structure suivante :

Après avoir... (+participe passé)

...

C'est ici que je reviendrai

Je reviendrai ... (+ lieu)

Je ... (+ futur)

C'est ici que ...

...

Oui c'est ici que tout commence et que tout finit

Le Québec
Un peu d'Histoire...

Deux grands explorateurs français : Jacques Cartier (1491-1557)

et Samuel de Champlain (1560-1635)

La grande croix plantée à Gaspé

24 juillet 1534
Jacques Cartier explore le Canada.

Parti le 20 avril de Saint-Malo, le navigateur français atteint le golfe du Saint-Laurent et débarque à Gaspé. C'est là qu'il plante une immense croix et prend possession du territoire au nom du roi de France, François 1er.

2 octobre 1535
Jacques Cartier arrive à Hochelaga.

Jacques Cartier navigue sur le fleuve Saint-Laurent jusqu'à une île que les peuples amérindiens appellent Hochelaga. Il la nomme mons Reàlis (= mont Royal, en latin). Cette île deviendra, en 1642, la ville de Montréal.

3 juillet 1608
Fondation de la ville de Québec

Fondée par l'explorateur français Samuel de Champlain, Québec (qui signifie en amérindien « endroit où le fleuve se rétrécit ») est la première ville à se développer au Canada. À l'époque où Jacques Cartier a visité ce site, les Amérindiens l'appelaient Stadaconé.

Accueil de Jacques Cartier à Hochelaga

Samuel de Champlain arrive à Québec

1755 – 1763
Les Français perdent la Nouvelle-France.

Dès le début du XVIᵉ siècle, les Anglais qui débarquent dans la région tentent de s'emparer d'une partie du territoire au nom de la reine Élisabeth I d'Angleterre. Au cours des deux siècles suivants, la guerre entre Britanniques et Français s'étend à l'ensemble des territoires canadiens. En 1763, avec le traité de Paris, la Nouvelle-France (le Québec) passe aux mains des Anglais.

Les Français perdent face aux Anglais (Bataille de Louis Bourg, 1758)

Un nouvel État : le Canada

À partir de 1867, différentes provinces (le Québec, francophone, et neuf autres, anglophones) s'unissent pour former le Canada, qui fait alors partie de l'Empire britannique.
Ce n'est qu'en 1982, que le Canada deviendra un État entièrement souverain.

Montréal aujourd'hui

Québec sous la neige

Lis les textes

1 Réponds aux questions.
   a. Pourquoi la ville de Gaspé est-elle entrée dans l'Histoire ?
   b. Quand et par qui a été fondée la première ville française au Québec ?

2a Associe les villes à leur nom amérindien.
   1. Montréal   **a.** Hochelaga
   2. Québec   **b.** Stadaconé

2b Quel nom signifie « endroit où le fleuve se rétrécit » ?

3 Vrai ou faux ? Rétablis la vérité, si nécessaire.
   a. En 1535, le Canada était français.
   b. Le mot Québec désigne une ville et une province du Canada.
   c. Dans le passé, le nom de « Nouvelle-France » désignait le Québec.
   d. Le Québec devient définitivement britannique en 1760.
   e. Actuellement, le Canada se compose de dix provinces.

4 Au cours des siècles, quels différents noms ont été donnés à ta ville, à ta région et à ton pays ?

Projet

5 Par trois, enquêtez sur un pays ou une région francophone.
   a. Choisissez un pays ou une région.
   b. Faites des recherches sur :
      – le(s) peuple(s) qui l'ont habité(e).
      – les principales étapes et les personnages qui ont marqué son histoire.
   c. Présentez vos recherches à la classe.

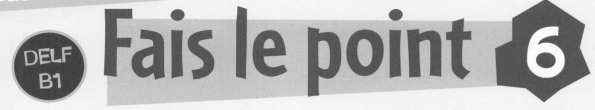

Compréhension orale

1 🔘 Écoute. Vrai ou faux ? Corrige si nécessaire.

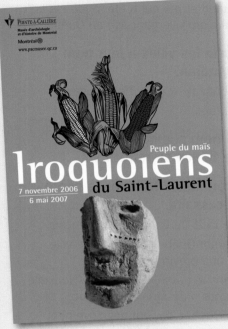

POINTE-À-CALLIÈRE
Musée d'archéologie et d'histoire de Montréal
Montréal
www.pacmusee.qc.ca

Peuple du maïs
Iroquoiens du Saint-Laurent
7 novembre 2006
6 mai 2007

a. Étienne a trouvé l'exposition très intéressante.

b. Les Iroquoiens étaient des Européens installés au Canada.

c. Vers 1540, il y avait 10 000 Iroquoiens au bord du Saint-Laurent.

d. Jacques Cartier est allé au Canada soixante ans avant Champlain.

e. Quand Champlain est arrivé au Canada tous les Iroquoiens étaient morts.

f. L'exposition présentait aussi des objets de la culture iroquoienne.

Expression orale

2 Choisis un des sujets.

a. Un(e) ami(e) te téléphone pour te demander pourquoi tu n'es pas venu(e) à sa fête. Tu lui expliques pourquoi et tu lui fais tes excuses.

b. À quelle occasion as-tu pensé : « Ouf ! J'ai eu chaud ! » ? Explique dans quelles circonstances et raconte ce qui s'est passé.

Compréhension écrite

3 Lis le texte sur Marie-Gaëlle et réponds aux questions.

a. Pourquoi la jeune fille traversait-elle une période difficile de sa vie ?

b. Pourquoi a-t-elle décidé un jour d'aller voir Lynda Lemay en concert ?

c. Quelle a été l'attitude de la chanteuse quand Marie-Gaëlle est allée lui parler après le concert ?

d. Quelle grande nouvelle lui a annoncé un jour la chanteuse ?

e. En quoi sa relation avec la chanteuse a-t-elle été positive pour la jeune fille ?

Expression écrite

4 Tu as cassé le baladeur MP3 qu'un(e) ami(e) t'avait prêté. Tu lui écris un mél pour t'excuser.

Marie-Gaëlle nous raconte Lynda Lemay

« Ses textes sont pour moi comme une thérapie », explique Marie-Gaëlle. Cette jeune Belge, qui traversait une période difficile marquée par la mort d'un proche dans un accident de voiture, écoute un jour une chanson de Lynda Lemay. Cette chanson évoque aussi un accident qui ressemble énormément à celui du parrain de Marie-Gaëlle. Elle décide alors d'aller voir la chanteuse en concert à Bruxelles, et va lui parler à la fin de la représentation. « Elle m'écoutait, me donnait des conseils, elle m'a prise dans ses bras et m'a assuré qu'elle demanderait de mes nouvelles… » Un soir, elle m'a même téléphoné à la maison.

Quelques mois plus tard, après un autre concert qu'est allée voir Marie-Gaëlle, Lynda lui dit : « Tu sais, ma belle, je suis en train d'écrire une chanson sur toi. » La jeune fille en a le souffle coupé.

C'est donc grâce à cette relation privilégiée avec sa « star » que Marie-Gaëlle a retrouvé sa joie de vivre. « Merci, Lynda ! »

D'après *Femme Actuelle*, n° 1139 – du 24 au 30 juillet 2006.

✉ Message

L'aventure se termine… Sommes tristes mais rentrons avec des rêves plein la tête ! Félicitations à la nouvelle équipe gagnante ! L'Océane

Les actes de PAROLE

Éviter des répétitions avec des relatifs

- C'est le quartier **que** vous voyez ici.
- C'est la boutique **qui** est au coin de la rue.
- Tu connais un endroit **où** je pourrais trouver des CD ?
- Il y a des moments **où** tu m'épates !
- C'est la rue **dont** je vous ai parlé.
- Tu vois la boutique **dont** les volets sont peints en bleu.
- C'est la seule chose **dont** je suis sûr !

Nuancer ses propos avec des indéfinis

- **Toute** l'équipe est prête.
- On part en visite **tous** les matins.
- Tu as appris **d'autres** choses ?
- Je connais **quelques** mots en arabe.
- **Certaines** villes sont très pittoresques.
- On va rester **plusieurs** jours au Maroc.
- **Chaque** jour est différent.

Exprimer un avis, un conseil

- **Il vaut mieux** rester ensemble.
- **Il vaut mieux** que tu ne partes pas tout seul.
- **Tu devrais** enlever la chose qu'Étienne a dans le dos !
- **On dirait** une matoutou !
- Moi **je dirais que** c'est une araignée !

Exprimer son soulagement

- Heureusement qu'ils ne sont que quatre !

Exprimer la nostalgie

- Tu nous manques beaucoup.
- Sans toi, ce n'est pas pareil.

Parler en langage familier

- Ces photos sont super chouettes !
- On t'envoie des trucs en pièces jointes.
- C'est plus sympa qu'au collège
- Nous avons pas mal voyagé.
- Nous avons rencontré plein de gens sympa.
- C'est une expérience géniale !
- À plus (à +) !

Situer des faits antérieurs à d'autres faits passés

- **On avait engagé** des gens de la région, alors on a pu réaliser notre projet.
- Ils nous ont raconté pourquoi ils **étaient rentrés** au Sénégal et comment ils **avaient construit** leur hôtel.

Exprimer la cause

- Nous sommes partis en France **à cause de** nos études.
- **Grâce à** cette super équipe on a pu réaliser notre projet.

Exprimer la conséquence

- Notre vie était devenue stressante **alors** on a décidé de rentrer.
- Il n'y avait rien : il a **donc** fallu tout faire de A à Z.

Les actes de PAROLE

Exprimer des faits au passif

- On a été interviewés par des journalistes.
- On est connus de tous les habitants de la région.
- Mes photos ont été publiées.
- Ces monuments ont été classés au patrimoine de l'Unesco.

Rapporter des propos

- On m'a dit que c'était une plage superbe !
- Tu lui as demandé ce qu'elle avait décidé ?
- Elle m'a demandé où j'allais.
- Je lui ai demandé si elle voudrait faire une excursion.
- Marc nous a proposé de descendre le Maïdo.
- Vous ne m'avez pas dit quelles excursions vous vouliez faire !?

Réagir aux propos de quelqu'un

- Arrête de te plaindre !
- Tu parles !
- J'hallucine !
- Ne te fâche pas !

Exprimer une volonté

- Je veux que tu viennes avec moi !
- Je ne veux pas que vous vous éloigniez !

Exprimer des sentiments, des appréciations

- Je suis heureux/heureuse que nous soyons arrivés.
- Je suis content(e) que tu ne sois pas fâché.
- Je déteste que tu fasses ça !
- Je suis triste que tu ne puisses pas venir avec nous.
- C'est normal que vous soyez inquiets.

Exprimer un souhait

- Moi, je souhaite qu'il fasse beau.
- Pourvu qu'il ne pleuve pas !
- J'aimerais bien voir la fusée Ariane !

Exprimer un souhait, une hypothèse irréalisable

- Si je pouvais, je passerais trois semaines à Kourou.
- S'il faisait beau, on irait faire un tour en ville.

Exprimer le doute, la possibilité

- Je doute qu'il vienne.
- Je ne suis pas sûr(e) qu'il soit d'accord.
- Je ne crois pas que nous puissions y aller.
- J'ai bien peur que ce soit impossible.
- Je crains que ce soit inutile.
- Il se peut qu'il pleuve.
- Il est possible qu'il accepte.

Exprimer la nécessité

- Il faut que nous partions tôt demain.

Exprimer le but

- Je vous écris **dans le but de** / **afin de** / **pour** vous présenter mes excuses.
- Je m'adresse à vous **pour que** / **afin que** vous m'excusiez.

Exprimer une condition

• On ira à Kourou à condition que tout le monde soit d'accord.

Exprimer l'antériorité

• Marc a écrit la lettre **il y a** deux jours / **il y a** trois semaines / **avant** notre départ / **avant de** partir / **avant qu'**on reparte.

Exprimer la postériorité

• Marc a écrit la lettre **après** notre départ / **après** qu'on est partis / **après** être parti.

Exprimer la simultanéité

• Marc s'est fâché **quand** nous avons visité le musée / **lors de** notre visite au musée.

Exprimer une concession

• On part en excursion **bien qu'**il ne fasse pas très beau.

Exprimer un regret

• Moi, j'aurais préféré aller à Cayenne.
• Je regrette qu'on ne puisse pas aller à Kourou.

Exprimer un reproche

• Tu aurais pu me prévenir !

Rassurer quelqu'un

• Ne vous inquiétez pas !
• N'aie pas peur !
• Ne t'en fais pas : il n'y a pas de risque !
• Pas de souci !

Faire une demande polie

• Tu pourrais préciser ?
• Vous pourriez m'enlever la matoutou ?

Expressions avec *avoir*

• Tu as l'air fatigué !
• J'ai mal aux pieds !
• J'ai envie de dormir !
• J'ai besoin d'un peu de repos.
• Elle a raison ou elle a tort ?
• J'ai eu honte !
• Qu'est-ce que tu as l'intention de faire ?
• Il a toujours de la chance !
• Tu n'as aucune inquiétude à avoir !
• Tu n'as qu'à étudier un peu plus !
• J'ai bien peur que ce soit inutile !
• Ouf ! J'ai eu chaud ! *(familier)*

Exprimer ses excuses

• Je suis désolé(e).
• Je te/vous demande pardon.
• Je regrette vraiment.
• Cet incident est vraiment regrettable.
• Je vous écris pour vous présenter mes excuses.
• Nous regrettons sincèrement cette maladresse.
• Nous tenons à vous faire part de nos excuses.
• Je vous prie d'accepter, Madame, toutes nos excuses.

PRÉCIS *grammatical*

Le groupe nominal

1 Les possessifs : adjectifs et pronoms

Singulier		
	Masculin	**Féminin**
Je Tu Il/Elle	mon/le mien ton/le tien son/le sien	ma/la mienne ta/la tienne sa/la sienne
Nous/On Vous Ils/Elles	notre/le nôtre votre/le vôtre leur/le leur	notre/la nôtre votre/la vôtre leur/la leur

N'oublie pas ! ma, ta, sa + **voyelle** ou **h** muet = **mon, ton, son**

Pluriel		
	Masculin	**Féminin**
Je Tu Il/Elle	mes/les miens tes/les tiens ses/les siens	mes/les miennes tes/les tiennes ses/les siennes
Nous/On Vous Ils/Elles	nos/les nôtres vos/les vôtres leurs/les leurs	

2 Les démonstratifs : adjectifs et pronoms

Singulier		Pluriel	
Masculin	**Féminin**	**Masculin**	**Féminin**
ce/celui-ci	cette/celle-ci	ces/ceux-ci	ces/celles-ci

N'oublie pas ! ce + **voyelle** ou **h** muet = **cet**

3 Les adjectifs indéfinis

Singulier		Pluriel	
Masculin	**Féminin**	**Masculin**	**Féminin**
tout le livre	toute la chanson	tous les livres	toutes les chansons
un autre livre	une autre chanson	d'autres livres	d'autres chansons
un certain livre	une certaine chanson	certains livres	certaines chansons
chaque livre	chaque chanson		

Singulier		Pluriel	
Masculin	**Féminin**	**Masculin**	**Féminin**
		quelques livres	quelques chansons
		plusieurs livres	plusieurs chansons

4 Les pronoms

Les pronoms COD

Singulier		Pluriel
Masculin	**Féminin**	**Masculin/Féminin**
le/l'/en	la/l'/en	les/en

N'oublie pas ! **en** sert à remplacer un complément introduit par un article indéfini ou un article partitif ou une expression de quantité.

Les pronoms COI

	Singulier Masculin/ Féminin	Pluriel Masculin/ Féminin
Verbe + préposition *à* (+ animé)	Je **lui** téléphone.	Je **leur** téléphone.
Verbe + préposition *à* (+ inanimé)	J'**y** pense.	
Verbe + préposition *de* (+ inanimé)	Je m'**en** occupe.	

N'oublie pas !
- verbe + **préposition *à*** (+ animé)
Ex. *penser à quelqu'un* → **à** + tonique
Ex. *Je pense **à lui, à elle, à eux, à elles**...*
- verbe + préposition **de** (+ animé)
Ex. *s'occuper de quelqu'un* → **de** + tonique
Ex. *Je m'occupe de **lui, d'elle, d'eux, d'elles**...*

Les pronoms compléments de lieu

Pour remplacer un lieu : En / Y	
où l'on est où l'on va	Je suis chez Emma. = J'**y** suis. Je vais chez Emma. = J'**y** vais.
d'où l'on part, vient, sort...	Je sors de chez Emma. = J'**en** sors.

Les pronoms relatifs

Sujet	C'est Emma **qui** nous a parlé du concours. (Emma nous a parlé du concours.)
Ct d'objet direct	C'est le reportage **que** vous avez fait ? (Vous avez fait le reportage.)

Ct circonstanciel de lieu	Ce sont les pays **où** nous allons aller. (Nous allons aller <u>dans ces pays</u>.)
Ct circonstanciel de temps	C'est le jour **où** Lucas a rencontré Julie. (Lucas a rencontré Julie <u>ce jour-là</u>.)
Ct du verbe (introduit par *de*)	C'est la rue **dont** je vous ai parlé. (Je vous ai parlé <u>de cette rue</u>.)
Ct de l'adjectif (introduit par *de*)	C'est la seule chose **dont** je suis sûr. (Je suis sûr <u>de cette chose</u>.)
Ct du nom (introduit par *de*)	C'est la boutique **dont** les volets sont bleus. (Les volets <u>de la boutique</u> sont bleus.)

N'oublie pas !
– **que** + **voyelle** ou **h** muet **qu'**
– Avec le pronom relatif **que/qu'**, le **participe passé** s'accorde en genre et en nombre avec le COD.
Ex : *Voici <u>les photos que</u> j'ai <u>prises</u>.*

Le groupe verbal

1 Le passé récent / Le présent progressif / Le futur proche

● **Passé récent :** *venir de* (au présent) + infinitif :
Je **viens de** déjeuner.

● **Présent progressif :** *être en train de* (au présent) + infinitif : Je **suis en train** de déjeuner.

● **Futur proche :** *aller* (au présent) + infinitif :
Je **vais** déjeuner.

2 Le passé composé

Il se forme avec l'auxiliaire (*avoir* ou *être*) au présent + le participe passé.

Le passé composé avec *avoir*

Au passé composé, la plupart des verbes sont conjugués avec l'auxiliaire *avoir*.

Passé composé		
avoir au présent + participe passé		
J'	ai	
Tu	as	
Il/Elle/On	a	+ regardé
Nous	avons	
Vous	avez	
Ils/Elles	ont	

Le passé composé avec *être*

Au passé composé, certains verbes sont conjugués avec l'auxiliaire *être* :
– les verbes pronominaux : *se rappeler, se promener...*
– et 14 verbes intransitifs (sans COD) : *naître, mourir, aller, venir, arriver, partir, monter, descendre, entrer, sortir, rester, passer, retourner, tomber* et leurs composés (*revenir, devenir, survenir, repartir, remonter, rentrer...*)

Attention !
Parmi ces 14 verbes, certains peuvent être transitifs (+ COD) → ils se conjuguent avec l'auxiliaire *avoir*.
Ex. Je **suis** montée en haut de la tour Eiffel.
Ex. J'**ai** monté <u>mes valises</u> dans ma chambre.

Passé composé		
être au présent + participe passé		
Je	**suis**	parti(**e**)
Tu	**es**	parti(**e**)
Il	**est**	parti
Elle	**est**	parti**e**
On	**est**	parti(**e**)**s**
Nous	**sommes**	parti(**e**)**s**
Vous	**êtes**	parti(**e**)/parti(**e**)**s**
Ils	**sont**	part**is**
Elles	**sont**	part**ies**

● **Accord du participe passé**
– Avec *être* : le participe passé s'accorde en genre et en nombre avec le sujet :
Ex. *Emma et Julie sont all**ées** à un concert.*

Attention !
Pour les verbes pronominaux, le participe passé s'accorde avec le pronom COD (*me/m' ; te/t' ; se/s' ; nous* et *vous*) :
Ex. *Emma et Julie <u>se</u> sont inscrit**es**.*
(inscrire quelqu'un : COD)
mais : *Emma et Julie <u>se</u> sont parl**é**.*
(parler **à** quelqu'un : COI)

– Avec *avoir* : le participe passé ne s'accorde pas avec le sujet, mais il s'accorde en genre et en nombre avec le COD, **quand le COD est placé avant le verbe** :
Ex. *Emma et Julie ont écout**é** des CD.*
*<u>Les CD qu'</u>Emma et Julie ont écout**és** sont super !* /
*<u>Les CD</u>, Emma et Julie <u>les</u> ont écout**és** hier.*
Mais on ne fait pas l'accord avec le pronom COD *en* :
Ex. *<u>Des CD</u>, Emma <u>en</u> a écout**é** plusieurs.*

3 L'imparfait

Il se forme avec le radical de la 1re personne du pluriel au présent : Ex. *nous **finiss**ons* auquel on ajoute les terminaisons de l'imparfait : *-ais, -ais, -ait, -ions, -iez, -aient*.
Ex. *Finir : Je finiss<u>ais</u>, Tu finiss<u>ais</u>, Il/Elle/On finiss<u>ait</u>, Nous finiss<u>ions</u>, Vous finiss<u>iez</u>, Ils/Elles finiss<u>aient</u>*

Attention !
Seul le verbe *être* est irrégulier à l'imparfait.
J'**étais**, Tu **étais**, Il/Elle/On **était**, Nous **étions**, Vous **étiez**, Ils/Elles **étaient**.

4 Le plus-que-parfait

Il sert à exprimer une action antérieure à une autre / d'autres action(s) passée(s).
Ex. *On ne <u>trouvait</u> pas le petit coin de paradis dont **<u>on nous avait parlé</u>**, alors on l'<u>a créé</u>.*

Précis grammatical

Il se forme avec l'auxiliaire (*avoir* ou *être*) **à l'imparfait** + le participe passé.
Ex. J'**avais** regardé, Ils **avaient** fini

N'oublie pas !

Le choix de l'auxiliaire et les règles d'accord du participe passé sont les mêmes que pour le passé composé.
Ex. *Elle **était** partie, Elles **s'étaient** inscrites,
Il les **avaient** vus*

5 Le futur simple

Il se forme en ajoutant à l'infinitif les terminaisons du verbe *avoir* au présent.

Futur simple		
infinitif + terminaisons du verbe *avoir* au présent		
Je	regarder-	+ ai
Tu	demander-	+ as
Il/Elle/On	finir-	+ a
Nous	partir-	+ ons
Vous	prendr-	+ ez
Ils/Elles	attendr-	+ ont

N'oublie pas !
– Pour les verbes en **-re**, la base = infinitif sans e.
– *Les verbes irréguliers changent de radical au futur simple.*
(**être** → je **serai**, **avoir** → j'**aurai**, **aller** → j'**irai**, **savoir** → je **saurai**, **pouvoir** → je **pourrai**, **vouloir** → je **verrai**, **voir** → je **verrai**, etc.)

6 Le conditionnel

● **Le conditionnel présent sert à exprimer :**
– une **demande polie** :
   Ex. *Tu pourrais me prêter ton encyclopédie ?*
– un **désir**, un **souhait** :
   Ex. *J'aimerais faire le tour du monde.*
– un **fait imaginaire** :
   Ex. *Moi, je ferais de la plongée, toi tu prendrais des photos.*
– une **suggestion**, un **conseil** :
   Ex. *On devrait tous aller se coucher !*
– le résultat d'une **hypothèse** peu probable ou irréalisable : Ex. *Si j'étais toi, je n'essayerais pas.*

● **Le conditionnel passé sert à exprimer :**
– un **regret** : Ex. *J'aurais préféré aller à Cayenne.*
– un **reproche** : Ex. *Tu aurais pu me prévenir !*
– le **résultat** d'une hypothèse irréalisable :
   Ex. *Si tu n'avais pas dit ça, il ne se serait pas mis en colère !*

● **Formation du conditionnel présent**
On prend le **radical du verbe au futur** + les terminaisons de l'imparfait : Ex. *Faire (Futur → je ferai)*
Conditionnel présent → *Je ferais, tu ferais, Il/Elle/On ferait, Nous ferions, Vous feriez, Ils/Elles feraient.*

● **Formation du conditionnel passé**
Il se forme avec l'auxiliaire (*avoir* ou *être*) au conditionnel présent + le participe passé.

N'oublie pas !

Le choix de l'auxiliaire et les règles d'accord du participe passé sont les mêmes que pour le passé composé.

Ex. *Faire Conditionnel passé (avec l'auxiliaire avoir) →
J'aurais fait, tu aurais fait, Il/Elle/On aurait fait, Nous aurions fait, Vous auriez fait, Ils/Elles auraient fait.*

Ex. *Aller Conditionnel passé (avec l'auxiliaire être) →
Je serais allé(e), tu serais allé(e), Il serait allé, Elle serait allée, On serait allé(e)s, Nous serions allé(e)s, Vous seriez allé(e)(s), Ils seraient allés, Elles seraient allées.*

7 Le futur dans le passé

Il se forme comme le conditionnel. Il sert à rapporter des propos futurs au style indirect.
Verbe introducteur au présent : Ex. *Marc me **dit** (présent) qu'on ira (futur) à Kourou dimanche.*

Verbe introducteur au passé : Ex. *Marc m'**a dit** (passé composé) qu'on irait (futur dans le passé) à Kourou dimanche.*

8 Le subjonctif

Il sert à exprimer : la volonté, l'obligation, la nécessité, un conseil, un sentiment, un jugement, la possibilité, le doute...

la volonté / le souhait	Je veux que Je voudrais que Je souhaite que Je désire que Pourvu que
l'obligation / la nécessité	Il faut que J'ai besoin que
un conseil	Il vaut mieux que
un sentiment	Je suis content(e) que Je suis triste que J'ai peur que
un jugement / une opinion	Je crains que Je ne suis pas sûr(e) que Je n'aime pas que Je ne pense pas que Je ne crois pas que Je ne trouve pas que Je ne considère pas que C'est normal que Je déteste que
la possibilité	Il est possible que Il se peut que
le doute	Je doute que

N'oublie pas !
Avec les verbes d'opinion *Je suis sûr(e) que, je pense que, je crois que, je considère que...* à la forme affirmative, on utilise l'indicatif. Ex. *Je **crois** qu'il viendra. / Je **ne crois pas** qu'il **vienne**.*

Il s'emploie aussi après des conjonctions exprimant

● des faits qui ne se sont pas encore réalisés, donc incertains :
– **l'antériorité** :
avant que → *Rentrons vite <u>avant qu'il</u> **fasse** nuit.*
– la **condition** : *à condition que* →
*On partira en excursion <u>à condition qu'il</u> **fasse** beau.*
– le **but** : *afin que, pour que* →
*Je te prêterai le livre <u>pour que</u> tu le **lises**.*

● ou des faits inattendus par rapport à une situation donnée :
– la **concession** :
bien que → <u>*Bien qu'on*</u> **soit** *en été, il ne fait pas chaud.*

Formation des verbes réguliers :

● Pour *je, tu, il/elle/on, ils/elles* : ils se forment à partir du radical de *ils* au présent (Ex. *Ils **prennent** → prenn-*) + les terminaisons : -e (pour *je*), -es (pour *tu*), -e (pour *il/elle/on*), -ent (pour *ils/elles*).

● Pour *nous* et *vous* : on prend les formes de l'imparfait (Ex. *Nous **prenions**, Vous **preniez**).*
→ Prendre : *que je **prenne**, que tu **prenn**es, qu'il/elle/on **prenn**e, que nous **prenions**, que vous **preniez**, qu'ils/elles **prennent**.*

Formation des verbes irréguliers :

Il existe très peu de verbes irréguliers au subjonctif.

Être	que je *sois* que tu *sois* qu'il/elle/on *soit* qu'ils/elles *soient*	que nous *soyons* que vous *soyez*
Avoir	que j'*aie* que tu *aies* qu'il/elle/on *ait* qu'ils/elles *aient*	que nous *ayons* que vous *ayez*
Faire	que je *fasse* que tu *fasses* qu'il/elle/on *fasse* qu'ils/elles *fassent*	que nous *fassions* que vous *fassiez*
Savoir	que je *sache* que tu *saches* qu'il/elle/on *sache* qu'ils/elles *sachent*	que nous *sachions* que vous *sachiez*
Pouvoir	que je *puisse* que tu *puisses* qu'il/elle/on *puisse* qu'ils/elles *puissent*	que nous *puissions* que vous *puissiez*
Vouloir	que je *veuille* que tu *veuilles* qu'il/elle/on *veuille* qu'ils/elles *veuillent*	que nous *voulions* que vous *vouliez*
Aller	que j'*aille* que tu *ailles* qu'il/elle/on *aille* qu'ils/elles *aillent*	que nous *allions* que vous *alliez*
Pleuvoir	qu'il pleuve	
Falloir	qu'il faille	

Attention !
On ne peut pas employer le subjonctif quand le sujet et le même dans la proposition principale et dans la subordonnée ; on emploie alors l'infinitif.
Ex. *Je **veux que tu** viennes.* → deux sujets différents
Ex. *Je ~~veux que je vienne~~.* → un même sujet, il faut donc dire *Je veux venir.*

Le discours indirect

Pour rapporter des paroles d'autres personnes, on emploie le discours indirect ou discours rapporté.
Discours direct : *« Je veux aller à la plage ! »*
Discours indirect : *Julie dit qu'elle veut aller à la plage.*

Lorsqu'on passe du discours direct au discours indirect, la phrase subit certaines modifications, au niveau :
– des changements de personnes :
Ex. *« **Je** veux aller à la plage ! » / Julie dit qu'**elle** veut aller à la plage.*
Ex : *« **Vous** pouvez venir avec **nous** ! » Julie et Lucas disent que **nous** pouvons venir avec **eux**.*
Ex : *« Les éruptions c'est **mon** cauchemar ! » / Julie dit que les éruptions c'est **son** cauchemar.*

– de la construction de la phrase :
Ex. *« C'est une plage superbe ! » / Emma <u>dit que</u> c'est une plage superbe.*
Ex. *« <u>Qu'est-ce que</u> tu décides de faire ? » / Je te <u>demande **ce que**</u> tu décides de faire.*
Ex : *« Tu veux descendre le Maïdo ? » / Je te <u>demande **si**</u> tu veux descendre le Maïdo.*
Ex : *« <u>Descendons</u> le Maïdo ! » / Marc <u>propose de **descendre**</u> le Maïdo.*

Le discours indirect peut être introduit par en verbe au présent ou au passé.

Quand le verbe introducteur est au passé il faut respecter les règles de concordance des temps :

Verbe introducteur au présent	Verbe introducteur au passé
Julie **dit** qu'elle **veut** (présent) aller à la plage.	Julie **a dit** qu'elle **voulait** (imparfait) aller à la plage.
Julie **dit** qu'elle **a vu** (passé composé) une plage superbe.	Julie **a dit** qu'elle **avait vu** (plus-que-parfait) une plage superbe.
Julie **dit** qu'elle **fera** (futur) un tour en ULM.	Julie **a dit** qu'elle **ferait** (futur dans le passé) un tour en ULM.

La voie passive

La voie passive permet de mettre en valeur le sujet du verbe.
Ex. *Julie a pris ces photos.* (forme active)
Ex. *Ces photos ont été prises par Julie.* (forme passive)

Précis grammatical

Le passage de la forme active à la forme passive entraîne des modifications :
- le sujet de la phrase active (Julie) devient le complément d'agent de la phrase passive (par Julie).
- le COD de la phrase active (ces photos) devient le sujet de la phrase passive (Ces photos).
- le verbe de la phrase active (a pris : passé composé actif) se transforme dans la phrase passive (ont été prises : passé composé passif).

Le participe passé s'accorde toujours avec le sujet.

	Forme active			Forme passive	
Présent		prend		sont prises	
Passé composé		a pris		ont été prises	
Imparfait		prenait		étaient prises	
Plus que parfait	Julie	avait pris	des photos.	avaient été prises	par Julie.
Futur		prendra		seront prises	
Passé récent		vient de prendre		viennent d'être prises	
Présent continu		est en train de prendre		sont en train d'être prises	
Futur proche		va prendre	Des photos	vont être prises	

N'oublie pas !
- Au passif, le participe passé s'accorde toujours avec le sujet.
- Quand le sujet de la phrase active est on, la phrase passive n'a pas de complément d'agent : Ex. *On a publié mes photos dans la presse.*
→ *Mes photos ont été publiées dans la presse.* (sans complément d'agent)

L'expression de la cause et de la conséquence

● On peut exprimer la cause avec des mots comme : *parce que, grâce à* (cause positive), *à cause de* (cause négative), ...
Ex. *On s'est installés ici **à cause du** paysage / **grâce aux** gens qui nous ont aidés / **parce qu'**on voulait changer de vie.*

● On peut exprimer la conséquence avec des mots comme : *donc, alors...*
Ex. *On ne voulait pas rester à Paris, **donc** on a décidé de rentrer au Sénégal / **alors** on est repartis dans notre pays.*

L'expression de la condition, de l'hypothèse

● Condition/hypothèse = *si* + présent, **résultat** (au futur)
Ex. *Si on **gagne** le concours, on **partira** en voyage.*

● Condition/hypothèse peu probable ou irréalisable
= *si* + imparfait, **résultat** (au conditionnel)
Ex. *Si on **gagnait** (condition/hypothèse peu probable ou irréalisable) le concours, on **partirait** (résultat) en voyage.*

● Condition/hypothèse irréalisée dans le passé
= si + plus-que-parfait, **résultat** (au conditionnel passé)
Ex. *Si on **avait gagné** (condition/hypothèse irréalisée dans le passé) le concours, on **serait partis** (résultat) en voyage.*

L'antériorité, la simultanéité et la postériorité

l'antériorité		
il y a	deux jours	+ expressions de temps
avant	ton départ	+ nom
avant de	partir	+ infinitif
avant que	tu partes	+ subjonctif
la simultanéité		
lors de	ton départ	+ nom
la postériorité		
après	ton départ	+ nom
après	être parti(e)	+ infinitif passé
après que	tu es parti(e)	+ indicatif

N'oublie pas !
Après + infinitif passé
Infinitif passé = auxiliaire avoir/être + participe passé
Ex. *Nous partirons après avoir fait nos bagages.*

L'expression du but

	pour	te **demander** de m'excuser. (+ infinitif)
	dans le but de	
Je t'écris	*afin de*	
	pour que	tu **m'excuses**. (+ subjonctif)
	afin que	

Les conjugaisons

		Présent	**Passé composé**	**Imparfait**	**Futur simple**	**Conditionnel Présent**	**Subjonctif Présent**
Avoir	Je/J'	ai	ai eu	avais	aurai	aurais	aie
	Tu	as	as eu	avais	auras	aurais	aies
	Il/Elle/On	a	a eu	avait	aura	aurait	ait
	Nous	avons	avons eu	avions	aurons	aurions	ayons
	Vous	avez	avez eu	aviez	aurez	auriez	ayez
	Ils/Elles	ont	ont eu	avaient	auront	auraient	aient
Être	Je/J'	suis	ai été	étais	serai	serais	sois
	Tu	es	as été	étais	seras	serais	sois
	Il/Elle/On	est	a été	était	sera	serait	soit
	Nous	sommes	avons été	étions	serons	serions	soyons
	Vous	êtes	avez été	étiez	serez	seriez	soyez
	Ils/Elles	sont	ont été	étaient	seront	seraient	soient
Regarder	Je/J'	regarde	ai regardé	regardais	regarderai	regarderais	regarde
	Tu	regardes	as regardé	regardais	regarderas	regarderais	regardes
	Il/Elle/On	regarde	a regardé	regardait	regardera	regarderait	regarde
	Nous	regardons	avons regardé	regardions	regarderons	regarderions	regardions
	Vous	regardez	avez regardé	regardiez	regarderez	regarderiez	regardiez
	Ils/Elles	regardent	ont regardé	regardaient	regarderont	regarderaient	regardent
Finir	Je/J'	finis	ai fini	finissais	finirai	finirais	finisse
	Tu	finis	as fini	finissais	finiras	finirais	finisses
	Il/Elle/On	finit	a fini	finissait	finira	finirait	finisse
	Nous	finissons	avons fini	finissions	finirons	finirions	finissions
	Vous	finissez	avez fini	finissiez	finirez	finiriez	finissiez
	Ils/Elles	finissent	ont fini	finissaient	finiront	finiraient	finissent
Prendre	Je/J'	prends	ai pris	prenais	prendrai	prendrais	prenne
	Tu	prends	as pris	prenais	prendras	prendrais	prennes
	Il/Elle/On	prend	a pris	prenait	prendra	prendrait	prenne
	Nous	prenons	avons pris	prenions	prendrons	prendrions	prenions
	Vous	prenez	avez pris	preniez	prendrez	prendriez	preniez
	Ils/Elles	prennent	ont pris	prenaient	prendront	prendraient	prennent
Aller	Je/J'	vais	suis allé(e)	allais	irai	irais	aille
	Tu	vas	es allé(e)	allais	iras	irais	ailles
	Il/Elle	va	est allé(e)	allait	ira	irait	aille
	On	va	est allé(e)s	allait	ira	irait	aille
	Nous	allons	sommes allé(e)s	allions	irons	irions	allions
	Vous	allez	êtes allé(e)(s)	alliez	irez	iriez	alliez
	Ils/Elles	vont	sont allé(e)s	allaient	iront	iraient	aillent
Faire	Je/J'	fais	ai fait	faisais	ferai	ferais	fasse
	Tu	fais	as fait	faisais	feras	ferais	fasses
	Il/Elle/On	fait	a fait	faisait	fera	ferait	fasse
	Nous	faisons	avons fait	faisions	ferons	ferions	fassions
	Vous	faites	avez fait	faisiez	ferez	feriez	fassiez
	Ils/Elles	font	ont fait	faisaient	feront	feraient	fassent
Pouvoir	Je/J'	peux	ai pu	pouvais	pourrai	pourrais	puisse
	Tu	peux	as pu	pouvais	pourras	pourrais	puisses
	Il/Elle/On	peut	a pu	pouvait	pourra	pourrait	puisse
	Nous	pouvons	avons pu	pouvions	pourrons	pourrions	puissions
	Vous	pouvez	avez pu	pouviez	pourrez	pourriez	puissiez
	Ils/Elles	peuvent	ont pu	pouvaient	pourront	pourraient	puissent
Vouloir	Je/J'	veux	ai voulu	voulais	voudrai	voudrais	veuille
	Tu	veux	as voulu	voulais	voudras	voudrais	veuilles
	Il/Elle/On	veut	a voulu	voulait	voudra	voudrait	veuille
	Nous	voulons	avons voulu	voulions	voudrons	voudrions	voulions
	Vous	voulez	avez voulu	vouliez	voudrez	voudriez	vouliez
	Ils/Elles	veulent	ont voulu	voulaient	voudront	voudraient	veuillent
Savoir	Je/J'	sais	ai su	savais	saurai	saurais	sache
	Tu	sais	as su	savais	sauras	saurais	saches
	Il/Elle/On	sait	a su	savait	saura	saurait	sache
	Nous	savons	avons su	savions	saurons	saurions	sachions
	Vous	savez	avez su	saviez	saurez	sauriez	sachiez
	Ils/Elles	savent	ont su	savaient	sauront	sauraient	sachent

Lexique

adj.	adjectif	loc.	locution	prép.	préposition	v. pron.	verbe pronominal
adv.	adverbe	n. f.	nom féminin	pron.	pronom	v. tr.	verbe transitif
conj.	conjonction	n. m.	nom masculin	v. imp.	verbe impersonnel		
interj.	interjection	plur.	pluriel	v. intr.	verbe intransitif		

Nº de l'unité	Français	Espagnol	Anglais	Allemand	Portugais	Grec
A 2	à cause de, *loc. prép.*	a causa de	because of	wegen	devido a	εξαιτίας
4	à condition que, *loc. conj.*	con la condición de que	if	vorausgesetzt, dass	desde que	με την προϋπόθεση ότι, υπό τον όρο ότι
0	à travers, *prép.*	por, a través de	through	durch, über	através de	διαμέσου
3	abandonner, *v. tr.*	abandonar	(to) abandon	aufgeben	abandonar	εγκαταλείπω
3	abolition, *n. f.*	abolición	abolition	Abschaffung	abolição	κατάργηση
1	abord (d'), *adv.*	primero	first	zuerst	abordagem	καταρχήν
1	aborder, *v. tr.*	abordar	(to) approach	ansprechen	abordar	εμβολίζω
4	aboyer, *v. intr.*	ladrar	(to) bark	bellen	ladrar	γαβγίζω
6	abri de (être à l'), *loc. verb.*	estar al amparo, a cubierto	(to be) safe from	geschützt vor	protegido de	μακριά από
1	absorber, *v. tr.*	absorber	(to) absorb	aufsaugen	absorver	απορροφώ
0	accompagnateur, *n. m.*	acompañante	guide	Begleiter	acompanhante	συνοδός
4	accompagner, *v. tr.*	acompañar	(to) accompany	begleiten	acompanhar	συνοδεύω
1	accueillant(e), *adj.*	acogedor/a	welcoming	gastfreundlich	acolhedor(a)	φιλόξενος(-η,-ο)
6	adresser (s'), *v. tr. et v. pron.*	dirigir(se)	(to) contact	(sich) wenden an	dirigir	απευθύνω(-ομαι)
1	affaires, *n. f. pl.*	negocios	business	Angelegenheiten	assuntos	δουλειές, υποθέσεις
4	affronter, *v. tr.*	afrontar	(to) face	entgegentreten	defrontar	αντιμετωπίζω
2	aide, *n. f.*	ayuda	help	Hilfe	ajuda	βοήθεια
5	aimable, *adj.*	amable	friendly	freundlich	amável	αγαπητός
3	altitude, *n. f.*	altura	altitude	Höhe	altitude	υψόμετρο, ύψος
4	ambiance, *n. f.*	ambiente	atmosphere	Stimmung	ambiente	ατμόσφαιρα
5	amérindien(ne), *n. et adj.*	amerindio/a	American Indian	Indioamerikaner(in), indioamerikanisch	ameríndio	Ινδιάνος(-α) της Βόρειας Αμερικής, Ινδιάνικος(-η,-ο)
2	anecdote, *n. f.*	anécdota	anecdote	Anekdote	anedota	ανέκδοτο
2	annoncer, *v. tr.*	anunciar	(to) announce	ankündigen	anunciar	αναγγέλλω
6	antériorité, *n .f.*	anterioridad	precedence	Vorrangigkeit	anterioridade	το προγενέστερο
5	antillais(e), *adj.*	antillano/a	West Indian	Antillen-	antilhano	από τις Αντίλλες
2	apercevoir, *v. tr.*	divisar	(to) notice	wahrnehmen	distinguir	αντιλαμβάνομαι
3	apprécier, *v. tr.*	apreciar	(to) appreciate	schätzen	apreciar	εκτιμώ
5	approprier (s'), *v. tr et v. pron.*	apropiar (se)	(to) appropriate	(sich) aneignen	apropriar	προσαρμόζω (αποκτώ)
5	araignée, *n. f.*	araña	spider	Spinne	aranha	αράχνη
6	archéologie, *n .f.*	arqueología	archaeology	Archäologie	arqueologia	αρχαιολογία
3	arriver, *v. tr.*	conseguir	(to) be able to	schaffen	conseguir	φτάνω
5	astreindre, *v. tr.*	obligar	(to) force	zwingen	impor	υποχρεώνω
4	attention (faire), *loc. verb.*	tener cuidado	(to be)careful	achten auf	ter cuidado	προσοχή (δίνω)
4	attitude, *n. f.*	actitud	attitude	Einstellung	atitude	στάση, συμπεριφορά
5	attrait, *n. m.*	atractivo	appeal	Anziehung	atractivo	έλξη
3	au fait, *loc adv.*	por cierto	oh	übrigens	a propósito	παρεμπιπτόντως
3	au-dessus de, *loc. prép.*	por encima de	above	oberhalb von	por cima	επάνω από
4	austral(e), *adj.*	austral	south	südlich	austral	νότιος(-α,-ο)
1	autre, *adj.*	otro/a	other	andere,r, s	outro	άλλος(-η,-ο)
5	aventurier/aventurière, *n. adj.*	aventurero/a	adventurous	Abenteurer(in)	aventureiro	τυχοδιώκτης(-κτρια)
4	aveugle, *adj.*	ciego/a	blind	blind	cego	τυφλός(-ή,-ό)
B 0	bagage, *n. m.*	equipaje	baggage	Gepäck	bagagem	αποσκευή
5	bagnard, *n. m.*	presidiario	convict	Zuchthäusler	forçado	βαρυποινίτης
5	bagne, *n. m.*	presidio	penal colony	Zuchthaus	prisão	κάτεργα
1	balancer, *v. tr. (fam.)*	tirar	(to) throw	wegschmeißen	lançar	ζυγίζω
3	balayer, *v. tr.*	barrer	(to) sweep	kehren	varrer	σκουπίζω
4	bananier, *n. m.*	plátano (árbol)	banana tree	Bananenbaum	bananeiro	μπανανιά
5	base spatiale, *n. f.*	base espacial	space centre	Raumstation	base espacial	διαστημική βάση
3	bernard-l'hermite, *n. m.*	cangrejo ermitaño	hermit crab	Einsiedlerkrebs	bernardo-eremita	βερνάρδος ο ερημίτης
6	besoin de (avoir), *loc. verb.*	necesitar	(to) need	brauchen	necessitar	ανάγκη (έχω)
1	beur, *n. et adj.*	francés de origen magrebí	French person from North Africa	Beur	magrebino francês	μετανάστης δεύτερης γενιάς
4	biodiversité, *n. f.*	biodiversidad	biodiversity	Biodiversität	biodiversidade	βιοποικιλότητα
1	bizarre, *adj.*	extraño/a, raro/a	weird	bizarr	bizarro	περίεργος(-η,-ο)
4	blesser, *v. tr.*	herir	(to) hurt	beleidigen	magoar	τραυματίζω
5	blessure, *n .f.*	herida	injury	Verletzung	lesão	τραύμα
1	border, *v. tr.*	bordear	(to) border	grenzen an	bordejar	πλαισιώνω
2	boubou, *n. m.*	tipo de camisa larga de Senegal	bubu	traditionelles afrikanisches Gewand	túnica	ένδυμα boubou
6	bouger, *v. intr.*	moverse	(to) move	bewegen	mexer-se	κινούμαι
5	boxeur, *n. m.*	boxeador	boxer	Boxer	pugilista	μποξέρ
2	branche, *n. f.*	rama	branch	Zweig	ramo	κλαδί
2	brousse, *n. f.*	sabana	bush	Busch	matagal	θαμνώδης έκταση
1	brutalement, *adv.*	brutalmente	abruptly	brutal	brutalmente	απότομα
4	buissonnière (l'école),*adj.*	hacer novillos, hacer pellas	(to play) hooky	schwänzen (v)	gazeta	σκασιαρχείο
6	but de (dans le), *loc. prép.*	con el fin de	in order to	(mit dem) Ziel	objectivo	σκοπός
C 1	cabine, *n. f.*	camarote	cabin	Kabine	cabina	καμπίνα
4	cadre, *n. m.*	marco	context	Rahmen	âmbito	πλαίσιο
4	caillou, *n. m.*	piedra	stone	Kiesel	calhau	χαλίκι
3	cap sur (mettre le), *n. m.*	rumbo a (poner)	(to) head for	ansteuern	rumar a	(βάζω) πλώρη για
5	carnaval, *n. m.*	carnaval	carnival	Karneval	carnaval	καρναβάλι
2	case, *n. f.*	cabaña	cabin	Hütte	palhota	καλύβα
3	cauchemar, *n. m.*	pesadilla	nightmare	Albtraum	pesadelo	εφιάλτης
2	cause, *n. f.*	causa	cause	Ursache	causa	αιτία
5	cellule, *n. f.*	celda	cell	Zelle	célula	κελί, κύτταρο
6	Cendres (mercredi des), *n. m.*	Cenizas (miércoles de)	Ash Wednesday	Aschermittwoch	cinzas	Τέφρες (Τετάρτη των Τεφρών)
4	centre d'intérêt, *n. m.*	centro de interés	centre of interest	Interessensschwerpunkt	centro de interesse	κέντρο ενδιαφέροντος
2	cercle, *n. m.*	círculo	circle	Kreis	círculo	κύκλος
1	certain(e), *adj.*	algún/alguna, algunos/as, cierto(s)/a(s)	some	bestimmte, r, s	certo	ορισμένος(-η,-ο)
1	chaîne, *n. f.*	cadena montañosa	chain	Kette	cadeia	οροσειρά
5	chaleureux/chaleureuse, *adj.*	cordial	warm	warmherzig	caloroso	θερμός(ή,-ό)
3	changement, *n. m.*	cambio	change	Änderung	mudança	αλλαγή
1	chaque, *adj.*	cada	each	jede,r,s	cada	κάθε
3	char, *n. m.*	carro	float	Wagen	carro	άρμα

6	**chaud (avoir eu)**, *loc. verb.* *(fam.)*	librarse de una buena	(have) a close call	heiß	quente	ζέστη
4	**chauve-souris**, *n. f.*	murciélago	bat	Fledermaus	morcego	νυχτερίδα
4	**chèque**, *n. m.*	cheque	cheque / check	Scheck	cheque	επιταγή
1	**chômage**, *n. m.*	paro	unemployment	Arbeitslosigkeit	desemprego	ανεργία
0	**citer**, *v. tr.*	citar, nombrar	(to) quote	zitieren	citar	αναφέρω
4	**civet**, *n. m.*	guisado, encebollado	stew	Hasenpfeffer	guisado	μαγειρεμένο σε κλειστό σκεύος
4	**clone**, *n. m.*	clon	clone	Klon	clone	κλώνος
4	**cocotier**, *n. m.*	cocotero	coconut tree	Kokospalme	coqueiro	κοκοφοίνικας
2	**coin**, *n. m.*	rincón	nook	Ecke	esquina	γωνία
5	**colon**, *n. m.*	colono	settler	Ansiedler	colono	άποικος
4	**colonnaire**, *adj.*	con forma de columna	column-shaped	säulenförmig	em coluna	κιονοειδής(-ής,ές)
3	**commémorer**, *v. tr.*	conmemorar	(to) commemorate	gedenken	comemorar	εορτάζω επέτειο
5	**commettre**, *v. tr.*	cometer	(to) commit	begehen	cometer	διορίζω, διαπράττω
4	**complet (au)**, *loc. adv.*	al completo	all there	Vollständigkeit	cheio	(σε) απαρτία
5	**condamner**, *v. tr.*	condenar	(to) condemn	verurteilen	condenar	καταδικάζω
5	**conduire**, *v. tr.*	conducir, llevar	(to) drive	führen	conduzir	οδηγώ
3	**confectionner**, *v. tr.*	confeccionar	(to) fabricate	anfertigen	confeccionar	παρασκευάζω
0	**conférence**, *n. f.*	conferencia	conference	Konferenz	conferência	σύσκεψη
1	**confortable**, *adj.*	cómodo/a	comfortable	bequem	confortável	άνετος(-η,-ο)
2	**conséquence**, *n. f.*	consecuencia	consequence	Konsequenz	consequência	συνέπεια
5	**contacter**, *v. tr.*	contactar	(to) contact	kontaktieren	contactar	έρχομαι σε επαφή
2	**contemporain(e)**, *adj.*	contemporáneo/a	contemporary	zeitgenössisch	contemporâneo	σύγχρονος(-η,-ο)
3	**contre-courant (à)**, *loc. adv.*	a contracorriente	against the current	gegenläufig	contracorrente	ενάντια στο ρεύμα
3	**cordage**, *n. m.*	cordaje	rope	Tau	cordame	σκοινί
2	**couler**, *v. intr.*	correr	(to) flow	fließen	fluir	χύνω
1	**coup d'œil (jeter un)**, *n. m.*	mirada (echar una)	glance	Blick	vista de olhos	(ρίχνω μια) ματιά
6	**couper**, *v. tr.*	cortar	(to) take your breath away	rauben	cortar	κόβω
5	**court-métrage**, *n. m.*	corto (metraje)	short	Kurzfilm	curta-metragem	ταινία μικρού μήκους
5	**couteau**, *n. m.*	cuchillo	knife	Messer	faca	μαχαίρι
4	**coutume**, *n. f.*	costumbre	custom	Sitte	costume	έθιμο
2	**couvrir**, *v. tr.*	cubrir	(to) cover	bedecken	cobrir	καλύπτω
4	**crainte**, *n. f.*	temor	fear	Furcht	medo	φόβος
3	**creuser**, *v. tr.*	cavar	(to) dig	ausgraben	cavar	σκάβω
5	**crevette**, *n. f.*	camarón	shrimp	Garnele	camarão	γαρίδα
3	**crochet**, *n. m.*	gancho	hook	Häkchen	gancho	γάντζος
4	**croiser**, *v. tr.*	cruzar	(to) cross	kreuzen	cruzar	σταυρώνω
6	**croix**, *n. f.*	cruz	cross	Kreuz	cruz	σταυρός
1	**culte**, *n. m.*	culto	faith	Kult	culto	λατρεία
1	**décéder**, *v. intr.*	fallecer	(to) pass away	sterben	falecer	αποβιώνω
6	**décidément**, *interj.*	desde luego	certainly	entschieden	decididamente	προφανώς
2	**décision**, *n. f.*	decisión	decision	Entscheidung	decisão	απόφαση
6	**dédommagement**, *n. m.*	compensación	compensation	Entschädigung	indemnização	αποζημίωση
3	**défi**, *n. m.*	reto, desafío	challenge	Herausforderung	desafio	πρόκληση
3	**défilé**, *n. m.*	desfile	parade	Parademarsch	desfile	στενό
2	**départ (au)**, *loc. adv.*	en un principio	first	anfangs	partida	(στην) αρχή
1	**dépasser**, *v. tr.*	superar	(to) exceed	überschreiten	ultrapassar	ξεπερνώ
1	**dès**, *prép.*	desde	from	sobald	desde	από
4	**descendant(e)**, *n.*	descendiente	descendant	Nachkomme	descendente	κατιών(-ούσα,-όν)
3	**descente**, *n. f.*	descenso	descent	Abhang	descida	κάθοδος
2	**désertifier (se)**, *v. pron.*	desertificarse	(to) become depopulated	zur Wüste machen (werden)	desertificar-se	ερημώνω
5	**désireux/désireuse**, *adj.*	deseoso/a	Anxious	begierig nach	desejoso	πρόθυμος(-η,-ο)
3	**destiner**, *v. tr.*	destinar	(to) intend	bestimmen	destinar	προορίζω
5	**détention**, *n. f.*	detención, prisión	captivity	Haft	detenção	κατοχή
1	**dialecte**, *n. m.*	dialecto	dialect	Dialekt	dialecto	διάλεκτος
4	**dialoguer**, *v. intr.*	dialogar	(to) dialogue	sich unterhalten	dialogar	συζητώ
5	**dirait (on)**, *(expression)*	parece	they say	den Auschein haben	parece que	θα λέγαμε
4	**dispute**, *n. f.*	discusión, disputa	argument	Auseinandersetzung	disputa	διένεξη
1	**djellaba**, *n. f.*	chilaba	jellaba	Djeballa	djellaba	κελεμπία
1	**dont**, *pr.*	del/de la cual, de los/las cuales, cuyo/a(s)	whose	davon	cujo	από/για/με τον/την/το οποίον(-α,-ο)
5	**doublage**, *n. m.*	doblaje	lining	Verdoppelung	dobragem	φοδράρισμα
4	**douter**, *v. tr.*	dudar, tener sus dudas	(to) suspect	zweifeln an	duvidar	αμφιβάλλω
2	**dune**, *n. f.*	duna	dune	Düne	duna	αμμόλοφος
2	**échapper (s')**, *v. tr., intr. et pron.*	escapar(se)	(to) flee	entkommen	escapar	ξεφεύγω
5	**échelle**, *n. f.*	escalera	ladder	Leiter	escada	σκάλα
2	**éclairer**, *v. tr.*	iluminar	(to) illuminate	aufklären	iluminar	φωτίζω
3	**également**, *adv.*	igualmente, también	also	auch	igualmente	εξίσου
4	**élevage**, *n. m.*	cría	farm	Aufzucht	criação	κτηνοτροφία
1	**éloigner**, *v. tr.*	alejar	(to) keep away	entfernen	afastar	απομακρύνω
3	**embarcation**, *n. f.*	embarcación	boat	Boot	embarcação	πλοιάριο
0	**embarquer**, *v. tr. et intr.*	embarcar	(to) board	an Bord gehen	embarcar	επιβιβάζω
4	**emblème**, *n. m.*	emblema	emblem	Emblem	emblema	έμβλημα
3	**en perspective**, *loc. adv.*	en perspectiva	on the horizon	geplant	em vista	με το ενδεχόμενο
3	**en revanche**, *loc. adv.*	en cambio	however	im Gegenzug	em contrapartida	απεναντίας, αντιθέτως
4	**enchantement (comme par)**, *loc. adv.*	como por arte de magia	(as if by) magic	Verzauberung	encanto	(ως δια) μαγείας
4	**endémique**, *adj.*	endémico/a	endemic	einheimisch	endémico	ενδημικός(-ή,ό)
5	**enfer**, *n. m.*	infierno	hell	Hölle	inferno	κόλαση
4	**enfermé(e)**, *part. passé*	encerrado/a, cerrado/a	closed off	eingeschlossen	encerrado	κλειδωμένος(-η,-ο)
2	**engager**, *v. tr.*	contratar	(to) take on	anstellen	contratar	προσλαμβάνω
5	**enlever**, *v. tr.*	quitar	(to) remove	entfernen	levantar	βγάζω
4	**entraîner**, *v. tr.*	llevar	(to) pull	hineinziehen	levar a	παρασύρω
3	**envers (à l')**, *loc. adv.*	al revés	backwards	gegenüber	ao contrário	ανάποδα
2	**épaissir (s')**, *v. tr. et pron.*	espesarse, oscurecerse	(to) thicken	(sich) verdichten	engrossar	πήζω (παχαίνω)
1	**épater**, *v. tr.*	dejar pasmado/a	(to) amaze	verblüffen	surpreender	καταπλήσσω
1	**épave**, *n. f.*	pecio	wreckage	Wrack	destroços	ναυάγιο
1	**épice**, *n. f.*	especia	spice	Gewürz	especiaria	μπαχαρικό
3	**éruption**, *n. f.*	erupción	eruption	Eruption	erupção	έκρηξη
0	**escale**, *n. f.*	escala	port of call	Stufe	escala	σκάλα
3	**esclavage**, *n. m.*	esclavitud	slavery	Sklaverei	escravatura	δουλεία
3	**esclave**, *n.*	esclavo/a	slave	Sklave	escravo	σκλάβος
4	**espoir**, *n. m.*	esperanza	hope	Hoffnung	esperança	ελπίδα
2	**essai**, *n. m.*	ensayo	test	Versuch	ensaio	προσπάθεια

Lexique

3	navire, n. m.	navío	ship	Schiff	navio	πλοίο
5	néfaste, adj.	nefasto/a	harmful	unheilvoll	nefasto	βλαβερός(-ή,-ό)
5	nettoyage, n. m.	limpieza	cleaning	Reinigung	limpeza	καθάρισμα
4	notou, n. m.	paloma de Nueva Caledonia	New Caledonian Imperial Pigeon	Riesenfruchttaube	pombo torcaz	περιστέρι notou
1	nuancer, v. tr.	matizar	(to) shade	abstufen	matizar	εξηγώ λεπτομερώς
4	obstacle, n. m.	obstáculo	obstacle	Hindernis	obstáculo	εμπόδιο
2	ombre, n. f.	sombra	shadow	Schatten	sombra	ίσκιος
5	or, n. m.	oro	gold	Gold	ouro	χρυσός
5	originaire, adj.	originario/a, natural de	native	ursprünglich	originário	καταγόμενος(-η,-o)
3	ouverture, n. f.	apertura	opening	Öffnung	inauguração	άνοιγμα
4	palmier, n. m.	palmera	palm tree	Palme	palmeira	φοίνικας
4	paréo, n. m.	pareo	sarong	Pareo	pareo	παρεό
6	parrain, n. m.	padrino	godfather	Pate	padrinho	νονός
4	parsemer, v. tr.	sembrar	(to) sprinkle	übersäen	espalhar	διασπείρω
6	patience, n .f.	paciencia	patience	Geduld	paciência	υπομονή
5	patte, n. f.	pata	leg	Pfote	pata	πόδι
3	pauvre, adj.	pobre	poor	arm	pobre	φτωχός(-ή,-ό)
1	pauvreté, n. f.	pobreza	poverty	Armut	pobreza	φτώχεια
5	pénitencier, n. m.	penitenciaría	penitentiary	Strafanstalt	penitenciária	σωφρονιστήριο
3	pénitent(e), n.	penitente	penitent	bußfertig	penitente	μετανοών(-ούσα,-όν)
6	périple, n. m.	periplo	voyage	Rundreise	viagem	περίπλους
5	perpétuité (à), loc. adv.	a cadena perpetua	for life / in perpetuity	Fortdauer	perpetuidade	ισόβια
4	personnalité, n. f.	personalidad	personality	Persönlichkeit	personalidade	προσωπικότητα
3	peupler, v. tr.	poblar	(to) populate	bevölkern	povoar	κατοικώ
2	peur, n. f.	miedo	fear	Angst	medo	φόβος
2	phacochère, n. m.	facóquero (jabalí)	warthog	Warzenschwein	javali	φακόχοιρος
1	phase, n. f.	fase	phase	Phase	fase	φάση, στάδιο
1	pièces jointes (en), loc. adv.	adjunto	attached	Anhang	anexos	(σε) ενωμένα κομμάτια
5	piranha, n. m.	piraña	piranha	Piranha	piranha	πιράχχας
5	pirogue, n. f.	piragua	dugout	Einbaum	piroga	πιρόγα
3	piton, n. m.	pico (rocoso)	peak / peg	Ringschraube	pitão	γαντζάκι
1	pittoresque, adj.	pintoresco/a	picturesque	malerisch	pitoresco	γραφικός(-ή,-ό)
1	planche à voile, n. f.	windsurf	windsurf	Segelboot	prancha à vela	ιστιοσανίδα
5	plantation, n. f.	plantación	plantation	Pflanzung	plantação	φύτευση
2	pluriethnique, adj.	pluriétnico/a	multi-ethnic	multiethnisch	multi-étnico	πολυεθνικός(-ή,-ό)
5	point de (être sur le), loc. verb.	estar a punto de	(to be) about to	dabei sein	estar prestes	είμαι στο σημείο να
4	pondre, v. tr.	poner huevos	(to) lay (eggs)	Eier legen	parir	γεννώ
6	postériorité, n .f.	posterioridad	posterity	Nachrangigkeit	posterioridade	υστερόχρονο
6	poterie, n .f.	objeto de cerámica, de alfarería	pottery	Töpferware	olaria	κεραμική
4	pour autant, loc. adv.	por eso, por ello	just because of that	trotzdem, dennoch	por isso	παρόλα αυτά
5	précieux/précieuse, adj.	precioso/a	precious	wertvoll	precioso	πολύτιμος(-η,-o)
5	préciser, v. tr.	precisar	(to) specify	präzisieren	determinar	διευκρινίζω
0	préparatifs, n. m. pl.	preparativo	preparations	Vorkehrungen	preparativos	προετοιμασίες
2	préserver, v. tr.	preservar	(to) preserve	bewahren	preservar	προφυλάσσω
5	prévenir, v. tr.	avisar, advertir	(to) warn	warnen	prevenir	προειδοποιώ
5	prisonnier, n. m.	prisionero	prisoner	Gefangener	prisioneiro	φυλακισμένος(-η)
6	privilégier, v. tr.	privilegiar	(to) favour	bevorzugen	privilegiar	ευνοώ
0	pro(fessionnel), n. m.	profesional	pro (professional)	Fachmann	profissional	επαγγελματίας
3	promesse, n. f.	promesa	promise	Versprechen	promessa	υπόσχεση
1	propos, n. m.	palabras	words	Äußerung	propósito	λόγια
1	prospère, adj.	próspero/a	prosperous	wohlhabend	próspero	ανθηρός(-ή,-ό)
5	provenir, v. intr.	proceder	(to) come from	herkommen	provir	προέρχομαι
4	prudent(e), adj.	prudente	prudent	vorsichtig	prudente	προσεκτικός(-ή,-ό)
3	puits, n. m.	pozo	well	Brunnen	poço	πηγάδι
2	pureté, n. f.	pureza	purity	Reinheit	pureza	καθαρότητα
6	québécois(e), adj.	quebequés/esa	Quebecer	aus Quebeck	do Quebeque	κεμπεκικός(-ή,-ό)
1	quelques, adj.	algunos/as	a few	einige	alguns	κάποιοι(-ες,-α)
4	quitter, v. tr.	dejar	(to) leave	verlassen	deixar	εγκαταλείπω
4	raie manta, n. f.	raya manta	manta ray	Großer Teufelsrochen	raia	διαβολόψαρο του Ατλαντικού
6	raison de (avoir), loc. verb.	tener razón	(to be) right	Recht haben	razão	(έχω) δίκιο
0	ramer, v. intr.	remar	(to) row	rudern	remar	κωπηλατώ
0	ranger, v. tr.	ordenar	(to) tidy up	aufräumen	arrumar	τακτοποιώ
3	rapport avec (en), loc. prép.	en relación con	(in) relation to	(in) Beziehung zu	em conformidade	(σε) σχέση με
3	rapporter des propos, v. tr.	relatar lo que ha dicho otra persona	(to) tell	berichten von	relatar	μεταφέρω λόγια
6	raquette, n .f.	raqueta	racket	Schläger	raqueta	ρακέτα
5	rassurer, v. tr.	tranquilizar	(to) reassure	beruhigen	tranquilizar	καθησυχάζω
3	réagir, v. tr.	reaccionar	(to) react	reagieren	reagir	αντιδρώ
5	rebelle, n. et adj.	rebelde	rebel	Rebell (in), rebellisch	rebelde	στασιαστής και στασιαστικός(-ή,-ό)
2	recherche de (à la), loc. prép.	en busca de	seeking	(auf der) Suche nach	pesquisar	(σε) αναζήτηση
1	récitation, n. f.	poesía	recitation	Vortrag	recitação	απαγγελία
6	recoller, v. tr.	volver a pegar	(to) glue back together	zusammenkleben	juntar	ξανακολλώ
3	recouvrir, v. tr.	recubrir	(to) cover	zudecken	sobrepor	σκεπάζω
4	regret, n. m.	disgusto, pena	regret	Bedauern	desgosto	νοσταλγία
6	regretter, v. tr.	sentir, lamentar	(to) regret	bedauern	lamentar	μετανιώνω
4	rejeter, v. tr.	rechazar	(to) reject	verwerfen	rejeitar	ξαναρίχνω
0	rejoindre, v. tr.	reunirse con	(to) join	wieder einholen	regressar	ξαναβρίσκω
6	remercier, v. tr.	agradecer, dar las gracias,	(to) thank	danken	agradecer	ευχαριστώ
4	remettre, v. tr.	entregar	(to) put back	übergeben	repor	επανατοποθετώ
5	reprendre, v. tr.	capturar de nuevo	(to) recapture	wieder aufnehmen	recuperar	ξαναπαίρνω
4	reprocher, v. tr.	reprochar	(to) criticize	beschuldigen	censurar	επιπλήττω
4	retour (être de), loc. verb.	estar de vuelta	(to be) back	Rückkehr (zurück sein)	regresso	(σε) επιστροφή
4	retrouvailles, n. f. pl.	reencuentro	reunion	Funde	reencontro	ξανασμίξιμο
4	retrouver (se), v. tr. et pron.	quedar, verse, encontrarse	(to) meet again	(sich) zurechtfinden	reencontrar	βρίσκω (ξαναβρίσκομαι)
2	rêver, v. tr.	soñar	(to) dream	träumen	sonhar	ονειρεύομαι
5	rieur/rieuse, adj.	risueño/a	laughing	lachend	risonho	γελαστός(-ή,-ό)
5	risque, n. m.	riesgo (no hay posibilidad)	risk	Risiko	perigo	κίνδυνος
5	rivière, n. f.	río	river	Fluss	rio	ποτάμι
5	rupestre, adj.	rupestre	rock	Felsen-	rupestre	βραχοφυής(-ές)
6	s'absenter, v. pron.	ausentarse	(to) excuse oneself	sich drücken	ausentar-se	απουσιάζω
5	s'abstenir, v. pron.	abstenerse, no participar	(to) refrain (from)	sich enthalten von	abster-se	αποφεύγω
5	s'emparer, v. pron.	apoderarse	(to) seize	sich bemächtigen	apoderar-se	αρπάζω, κυριεύω
5	s'en faire (ne pas), loc. verb.	(no) preocuparse	not to worry	sich (keine) Sorgen machen	ralar-se	ανησυχώ
4	s'entendre avec, v. pron.	llevarse	(to) get along with	sich verstehen mit	dar-se	συνεννοούμαι

	French	Spanish	English	German	Portuguese	Greek
5	s'évader, v. pron.	escapar, evadirse	(to) flee	ausreißen	evadir-se	δραπετεύω
2	sanglot, n. m.	sollozo	sob	Schluchzen	soluço	λυγμός
2	sculpteur, n. m.	escultor	sculptor	Bildhauer	escultor	γλύπτης
4	se dépêcher, v. pron.	darse prisa	(to) hurry	sich beeilen	despachar-se	βιάζομαι
3	se mettre d'accord, v. pron.	ponerse de acuerdo	(to) agree (with)	sich einigen	concordar	συμφωνώ
3	se plaindre, v. pron.	quejarse	(to) complain	sich beschweren	lamentar-se	παραπονούμαι
5	se rapprocher, v. pron.	acercarse	(to) get closer (to)	sich annähern	aproximar-se	πλησιάζω
4	se tromper, v. pron.	equivocarse	(to) be wrong	sich täuschen	enganar-se	σφάλλω
1	sédentaire, n. et adj.	sedentario/a	sedentary	Seßhafte (r), seßhaft	sedentário	καθιστικό και καθιστικός(-ή,-ό)
5	séjour, n. m.	estancia	stay	Aufenthalt	estadia	διαμονή
6	semelle, n. f.	suela del zapato	sole	Schuhsohle	sola	σόλα
4	sillage, n. m.	estela	wake	Kielwasser	esteira	νερά πλοίου
6	simultanéité, n .f.	simultaneidad	simultaneity	Zeitgleichheit	simultaneidade	ταυτόχρονο
6	sincèrement, adv.	sinceramente	sincerely	ernsthaft	sinceramente	ειλικρινά
2	site, n. m.	emplazamiento	site	Stätte	escavações	τόπος
1	sitôt, adv.	tan pronto como	once	sobald	logo	σύντομα
1	snowboard, n. m.	snowboard	snowboard	Snowboard	snowboard	χιονοσανίδα
1	sonner, v. intr.	llamar a la puerta	(to) ring the doorbell	klingeln	soar	χτυπώ κουδούνι
2	souffle, n. m.	soplo	puff	Hauch	sopro	φύσημα, αναπνοή
4	souhaiter, v. tr.	desear	(to) wish	wünschen	desejar	εύχομαι
1	souk, n. m.	zoco	souk	Suq	souk	παζάρι
6	souterrain(e), adj.	subterráneo/a	underground	unterirdisch	subterrâneo	υπόγειος(-α,-ο)
2	souvent, adv.	a menudo	often	häufig	frequentemente	συχνά
6	souverain(e), n. et adj.	soberano/a	sovereign	Herrscher, höchst	soberano	ηγεμόνας και κυρίαρχος(-η,-ο)
2	stressant(e), adj.	estresante	stressful	anstrengend	stressante	αγχωτικός(-ή,-ό)
3	submerger, v. tr.	sumergir	(to) submerge	überschwemmen	submergir	κατακλύζω
1	succéder (se), v. tr et pron.	sucederse		(sich) ablösen	suceder	διαδέχομαι
3	superficie, n. f.	superficie	surface area	Oberfläche	superfície	επιφάνεια
3	surnommer, v. tr.	apodar	(to) nickname	einen Beinamen geben	sobrenomear	αποκαλώ
3	surprenant(e), adj.	sorprendente	surprising	überraschend	surpreendente	εκπληκτικός(-ή,-ό)
5	surréaliste, adj.	surrealista	surrealistic	surrealistisch	surrealista	σουρεαλιστικός(-ή,-ό)
5	survivant(e), n.	superviviente	survivor	Überlebende,r	sobrevivente	επιζήσας(-ασα,-όν)
3	survivre, v. intr.	sobrevivir	(to) survive	überleben	sobreviver	επιζώ
3	survoler, v. tr.	sobrevolar	(to) fly over	überfliegen	sobrevoar	πετώ πάνω από
3	sylviculture, n. f.	silvicultura	forestry	Forstwirtschaft	silvicultura	δασοκομία
5	tatouage, n. m.	tatuaje	tattoo	Tätowieren	tatuagem	τατουάζ
1	tel(le)s que, adj.	tal(es) como	such as	derart, dass	como	έτσι ώστε
6	tenir à, v. tr.	insistir en	would like to	Wert darauf legen	fazer questão	νοιάζομαι
5	tentative, n. f.	intento, tentativa	attempt	Versuch	tentativa	προσπάθεια
5	tenter, v. tr.	intentar	(to) attempt	versuchen	tentar	δοκιμάζω
3	thérapie, n. f.	terapia	therapy	Therapie	terapia	θεραπεία
3	tirer de, v. tr.	sacar	(to be) rescued from	herausziehen aus	tirar	τραβώ, αποσπώ
3	tombe, n. f.	tumba	tomb	Grab	túmulo	τάφος
1	tonne, n. f.	tonelada	ton	Tonne	tonel	τόνος
5	torse, n. m.	torso, pecho	torso	Torso	torso	στήθος
6	tort de (avoir), loc. verb.	no tener razón	(to be) wrong (to)	Unrecht (haben)	estar errado	(έχω) άδικο
3	tortue, n. f.	tortuga	turtle	Schildkröte	tartaruga	χελώνα
4	toucher, v. tr.	tocar	(to) touch	berühren	tocar	αγγίζω
4	tour (faire un), loc. verb.	dar una vuelta	(to) take a walk	eine Tour (machen)	viagem	(κάνω ένα) γύρο
3	tournage, n. m.	rodaje	set	Drehen	rodagem	γύρισμα
3	trace, n. f.	rastro, huella	trace	Spur	rasto	ίχνος
4	tradition, n. f.	tradición	tradition	Tradition	tradição	παράδοση
6	traîner, v. tr.	arrastrar	(to) lag	schleifen	arrastar	σέρνω
3	transfert, n. m.	traslado	transfer	Verlagerung	transferência	μεταφορά
6	trappeur, n. m.	trampero	trapper	Trapper	caçador profissional	παγιδευτής
5	travaux forcés, n. m. pl.	trabajos forzados	forced labour	Zwangsarbeit	trabalhos forçados	καταναγκαστικά έργα
4	travers (à), adv. et prép.	a través	through	durch	através	διαμέσου
3	traversée, n. f.	travesía	crossing	Überfahrt	travessia	διάπλους
5	tresser, v. tr.	trenzar	(to) braid	flechten	entrançar	πλέκω
5	triage, n. m.	clasificación	sorting	Sortieren	triagem	επιλογή, διαλογή
4	tribu, n. f.	tribu	tribe	Stamm	tribo	φυλή
4	troublant(e), adj.	inquietante, turbador/a	disturbing	aufregend	perturbador	ανησυχητικός(-ή,-ό)
4	troupeau, n. m	manada, rebaño	herd	Herde	rebanho	κοπάδι
1	truc, n. m.	cosa	thing	Ding	truque	κόλπο, τέχνασμα
3	tu parles ! intej.	¡vaya!	you're kidding	Was du nicht sagst!	pois sim!	μιλάς !
0	tyrolienne, n. f.	tirolina	traverse bridge	Jodler	tirolesa	τυρολέζικο τραγούδι
3	ULM, n. m.	ultraligero	ULM	Ultraleicht1ugzeug	ULM	Υπερελαφρά μέσα πτήσης (ULM)
3	unir (s'), v. tr. et pron.	unir(se)	(to) unit	(sich) vereinigen	unir-se	ενώνω (-ομαι)
1	vague, n. f.	ola	wave	Welle	onda	κύμα
1	valoir (il vaut mieux), loc. verb.	valer (más vale, es preferible)	(to) be better	gelten (es ist besser,)	ser preferível	αξίζει
5	velu(e), adj.	velludo/a	hairy	haarig	felpudo	τριχωτός(-ή,-ό)
2	vertige, n. m.	vértigo	dizziness	Schwindel	vertigem	ίλιγγος
1	vestige, n. m.	vestigio	ruins	Fußspur	vestígio	απομεινάρια
3	vêtu(e), part. passé	vestido/a	clothed	bekleidet	vestido	ντυμένος(-η,-ο)
3	via, prép.	vía, pasando por	through	über	passando por	μέσω
6	vibrant(e), adj.	vibrante	vibrant	vibrierend	vibrante	παλλόμενος(-η,-ο)
0	vierge, adj.	virgen	virgin	jungfräulich	virgem	παρθένος(-α,-ο)
3	violent(e), adj.	violento/a	violent	gewaltsam	violento	βίαιος(-η,-ο)
3	vivres, n. m. pl.	víveres	provisions	Proviant	mantimentos	τρόφιμα
3	voile, n. f.	vela	sail	Segel	véu	πέπλο, πανί
3	volatiliser, v. tr.	volatilizar	(to) vanish	beseitigen	volatilizar	εξατμίζομαι
3	volcanique, adj.	volcánico/a	volcanic	vulkanisch	vulcânico	ηφαιστειογενής(-ές)
1	volet, n. m.	postigo	shutter	Flügel	portada	παντζούρι
3	VTT, n. m.	BTT, mountain bike	mountain bike	Geländefahrzeug	BTT	ποδήλατο MTB

T (marginal tab)
U (marginal tab)
V (marginal tab)

Achevé d'imprimer en Espagne par Cayfosa
Dépôt légal: 03/2010 - Collection n°30 - Édition 03
15/5463/3